农林类高等职业院校基础课系列教材

线性代数

谢厚桂　徐文智　张青娥　主编

中国林业出版社

图书在版编目（CIP）数据

线性代数/谢厚桂，徐文智，张青娥主编．—北京：中国林业出版社，2010.3
（农林类高等职业院校基础课系列教材）
ISBN 978-7-5038-5476-7

Ⅰ.①线… Ⅱ.①谢… ②徐… ③张… Ⅲ.①线性代数—高等学校：技术学校—教材
Ⅳ.①O151.2

中国版本图书馆 CIP 数据核字（2010）第 041368 号

出版 中国林业出版社（100009 北京西城区刘海胡同 7 号）
E-mail forestbook@163.com 电话 010－83222880
网址 www.cfph.com.cn
发行 中国林业出版社
印刷 北京林业大学印刷厂
版次 2010 年 3 月第 1 版
印次 2010 年 3 月第 1 次
开本 787mm×960mm 1/16
印张 10
字数 180 千字
印数 1～4000 册

定价 15.00 元

《线性代数》
编者名单

主　编　谢厚桂　徐文智　张青娥

副主编　李　钧　马建国　梁　颖

编　者　（按姓氏笔画排序）

马建国　王志武　王　晨　代　瑛　闫宝英

李　钧　辛永清　张青娥　张　凤　郑瑞根

郝建民　徐文智　梁　颖　聂淑媛　谢厚桂

前　　言

为了更好地满足高职、高专对数学课程的需求，根据教育部关于高职、高专的培养目标及对数学课程教学大纲所规定的教学内容的最新要求，本着数学“服务专业、必须够用”的原则，以实施素质教育，加强数学素养，培养数学应用能力及创新能力为宗旨，在原编“农林类高职高专基础课系列教材——《高等数学（上册）（第二版）》（主要内容为微积分）及《高等数学（下册）》（主要内容为线性代数、概率论与数理统计）”的基础上，经过用书单位师生的反馈意见及要求，经过多年高职、高专的课程建设经验及教学改革实践，经过各参编单位专家讨论、研究决定：重新整合编写出版这套新的“农林类高等职业院校基础课系列教材”——《高等数学》、《线性代数》、《概率论与数理统计》。这样，各用书单位可以根据不同专业及培养目标选择相应的教材。新教材更便于教学，使数学在高职教学中更好地发挥应有的作用。

本次出版的是继《高等数学》出版后的《线性代数》。本教材特点是：知识结构严谨、合理，内容安排恰当；重点突出基础知识、基本思想与方法；语言叙述通俗、简练，避免专门数学知识；全书理论推导从简，以彰显高职特点，注重数学知识的应用及能力培养；此外，每章都配有习题，以供学生练习、巩固知识所用，且习题均有参考答案附后作参考。原出版的《高等数学上、下册》均配套用书——《高等数学学习指导上、下册》，为减轻学生负担，在本次教材编写时特别注重了习题的优化，且在书末增加了综合测试题，故本套教材不再出版配套用书。

本书共五章。其中第一章为行列式，第二章为矩阵，第三章为 n 维向量和线性方程组，第四章为特征值与特征向量，第五章为二次型。内容系统完备，较好的覆盖了线性代数的基本内容，能较好地满足高职、高专教学的需要。

本书可作为农林类及综合类高职院校、成人高校、高等专科学校及普通本科院校下设的职业技术学院等的教学用书，也可作为专升本及自学高等数学、农林业科技人员的参考用书。

本书由谢厚桂、徐文智、张青娥主编。参加编写的有：山东农业大学谢厚桂、王志武、梁颖（第一、四章）；河南科技大学林业职业学院张青娥、马建国、聂淑媛（第二章）；甘肃林业职业技术学院徐文智、辛永清、王晨、代瑛（第三章）；山东农业大学李钧、张凤，福建林业职业技术学院郑瑞根（第五章)；另外山东农业大学郝建民，山东农业管理干部学院闫宝英也参加了部分章节的编写。全书最后由谢厚桂统筹、定稿。

本书在编写过程中参考了同行专家的有关著作和研究成果，并得到各参编单位领导和有关专家的大力支持，特别是山东农业大学信息科学与工程学院信息与计算科学系的领导和老师们的大力支持，更得益于中国林业出版社的精心策划及鼎立合作。在此一并表示衷心的感谢。

本书尽管经过多次补充、修改、完善，但由于水平所限，尚有不当之处，还有待进一步完善，敬请不吝赐教。

编 者

2010 年 1 月

目　　录

第一章　行列式

行列式是一种重要的数学工具，在微积分的学习中已经看到向量的叉积可以用二阶、三阶行列式来表示较简单，直线与平面的有关问题如果运用行列式是较简捷的。在线性代数中，行列式是解线性方程组不可缺少的工具，它在矩阵、特征值及二次型中也有重要作用。本章将通过实例引出二阶、三阶行列式的定义，以此为基础，引出 n 阶行列式的概念，进而介绍行列式的性质和展开，最后应用行列式解线性方程组——克莱姆法则。

第一节　行列式的概念

一、二阶、三阶行列式

在中学代数中，我们知道二元线性方程组

$$\begin{cases} a_{11}x_1+a_{12}x_2=b_1 \\ a_{21}x_1+a_{22}x_2=b_2 \end{cases} \tag{1}$$

其中 x_1, x_2 为未知量，$a_{11}, a_{12}, a_{21}, a_{22}$ 为未知量的系数，b_1, b_2 为常数项。用加减消元法可得到

$$\begin{cases} (a_{11}a_{22}-a_{21}a_{12})x_1=a_{22}b_1-a_{12}b_2 \\ (a_{11}a_{22}-a_{21}a_{12})x_2=a_{11}b_2-a_{21}b_1 \end{cases}$$

当 $a_{11}a_{22}-a_{21}a_{12}\neq 0$ 时，此方程组有唯一解

$$\begin{cases} x_1=\dfrac{a_{22}b_1-a_{12}b_2}{a_{11}a_{22}-a_{21}a_{12}} \\ x_2=\dfrac{a_{11}b_2-a_{21}b_1}{a_{11}a_{22}-a_{21}a_{12}} \end{cases} \tag{2}$$

为了进一步揭示求解公式的规律，也为了记忆方便，用符号 $\begin{vmatrix} a_{11} & a_{12} \\ a_{21} & a_{22} \end{vmatrix}$ 来表示算式 $a_{11}a_{22}-a_{21}a_{12}$ 称为二阶行列式，即

$$\begin{vmatrix} a_{11} & a_{12} \\ a_{21} & a_{22} \end{vmatrix}=a_{11}a_{22}-a_{21}a_{12}$$

它有 2^2 个数组成两行两列，代表 $2!=2$ 项的代数和，每一项都是两个元素

的乘积，且来自不同的行、不同的列。其中 $a_{ij}(i,j=1,2)$ 称为元素，第一个下标 i 表示这个元素在第 i 行，第二个下标 j 表示这个元素在第 j 列，a_{ij} 即为第 i 行第 j 列相交处的元素。

例如，由行列式定义，我们有

$$\begin{vmatrix} 3 & -1 \\ 2 & 6 \end{vmatrix}=3\times6-2\times(-1)=20$$

$$\begin{vmatrix} \cos\theta & -\sin\theta \\ \sin\theta & \cos\theta \end{vmatrix}=\cos^2\theta+\sin^2\theta=1$$

在方程组(1)中，若令

$$D=\begin{vmatrix} a_{11} & a_{12} \\ a_{21} & a_{22} \end{vmatrix}$$

$$D_1=\begin{vmatrix} b_1 & a_{12} \\ b_2 & a_{22} \end{vmatrix}$$

$$D_2=\begin{vmatrix} a_{11} & b_1 \\ a_{21} & b_2 \end{vmatrix}$$

称 D 为系数行列式，其中 $a_{ij}(i,j=1,2)$ 是方程组中未知量 $x_i(i=1,2)$ 对应的系数；而 D_1 是将常数项 $b_i(i=1,2)$ 代替方程中的第一个未知量 x_1 对应的系数得到的行列式，D_2 是将常数项 $b_i(i=1,2)$ 代替方程中的第二个未知量 x_2 对应的系数得到的行列式。显然当 $D\neq0$ 时方程组(1)有唯一解

$$\begin{cases} x_1=\dfrac{D_1}{D} \\ x_2=\dfrac{D_2}{D} \end{cases} \tag{3}$$

式(3)相对于式(2)有式(3)易记忆且反映出一定的规律性的特点，由此窥一斑知行列式的重要性。

例 1　解方程组

$$\begin{cases} 3x+2y=5 \\ 2x+3y=0 \end{cases}$$

解　系数行列式

$$D=\begin{vmatrix} 3 & 2 \\ 2 & 3 \end{vmatrix}=5\neq0$$

知方程组有唯一解，又因

$$D_1=\begin{vmatrix} 5 & 2 \\ 0 & 3 \end{vmatrix}=15\ ,\ D_2=\begin{vmatrix} 3 & 5 \\ 2 & 0 \end{vmatrix}=-10$$

得方程组的解为：

$$\begin{cases} x=\dfrac{D_1}{D}=\dfrac{15}{5}=3 \\ y=\dfrac{D_2}{D}=\dfrac{-10}{5}=-2 \end{cases}$$

完全类似地，对于三元线性方程组

$$\begin{cases} a_{11}x_1+a_{12}x_2+a_{13}x_3=b_1 \\ a_{21}x_1+a_{22}x_2+a_{23}x_3=b_2 \\ a_{31}x_1+a_{32}x_2+a_{33}x_3=b_3 \end{cases} \tag{4}$$

利用加减消元法可得到

$$(a_{11}a_{22}a_{33}+a_{12}a_{23}a_{31}+a_{13}a_{21}a_{32}-a_{13}a_{22}a_{31}-a_{12}a_{21}a_{33}-a_{11}a_{23}a_{32})x_1$$
$$=b_1a_{22}a_{33}+b_2a_{32}a_{13}+b_3a_{12}a_{23}-b_3a_{22}a_{13}-b_2a_{12}a_{33}-b_1a_{32}a_{23}$$

这个结果很难记忆，为此引进三阶行列式的概念，称

$$\begin{vmatrix} a_{11} & a_{12} & a_{13} \\ a_{21} & a_{22} & a_{23} \\ a_{31} & a_{32} & a_{33} \end{vmatrix}$$

为三阶行列式，其值为：

$$a_{11}a_{22}a_{33}+a_{12}a_{23}a_{31}+a_{13}a_{21}a_{32}-a_{13}a_{22}a_{31}-a_{12}a_{21}a_{33}-a_{11}a_{23}a_{32}$$

即

$$\begin{vmatrix} a_{11} & a_{12} & a_{13} \\ a_{21} & a_{22} & a_{23} \\ a_{31} & a_{32} & a_{33} \end{vmatrix}=a_{11}a_{22}a_{33}+a_{12}a_{23}a_{31}+a_{13}a_{21}a_{32}-a_{13}a_{22}a_{31}-a_{12}a_{21}a_{33}-a_{11}a_{23}a_{32}$$

其中 $a_{ij}(i,j=1,2,3)$ 称为行列式的元素，a_{ij} 是行列式第 i 行与第 j 列相交处的元素。它由 3^2 个数组成三行三列，它是 3！=6 项的代数和，每一项都是 3 个元素的乘积，这 3 个元素取自不同的行不同的列，其中前 3 项前面带正号，另 3 项前面带负号。

计算三阶行列式有几种方法，常见的是对角线法则，即将行列式中第一列与第二列重置于行列式的右侧，然后求对角线上元素乘积的代数和即得其值，方法如下：

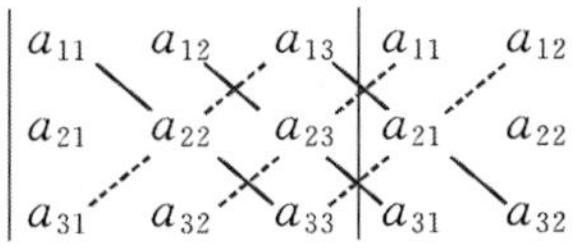

$$\begin{vmatrix} a_{11} & a_{12} & a_{13} \\ a_{21} & a_{22} & a_{23} \\ a_{31} & a_{32} & a_{33} \end{vmatrix} \begin{matrix} a_{11} & a_{12} \\ a_{21} & a_{22} \\ a_{31} & a_{32} \end{matrix}$$

其中位于三条实线上的三元素的积是正的，位于三条虚线上的三元素的积都是负的。

例如按定义,我们有

$$\begin{vmatrix} 2 & -3 & 1 \\ 1 & 1 & 1 \\ 3 & 1 & -2 \end{vmatrix} = 2\times1\times(-2)+(-3)\times1\times3+1\times1\times1$$
$$-1\times1\times3-2\times1\times1-(-3)\times1\times(-2)=-23$$

在方程组(4)中若记

$$D=\begin{vmatrix} a_{11} & a_{12} & a_{13} \\ a_{21} & a_{22} & a_{23} \\ a_{31} & a_{32} & a_{33} \end{vmatrix} \qquad D_1=\begin{vmatrix} b_1 & a_{12} & a_{13} \\ b_2 & a_{22} & a_{23} \\ b_3 & a_{32} & a_{33} \end{vmatrix}$$

$$D_2=\begin{vmatrix} a_{11} & b_1 & a_{13} \\ a_{21} & b_2 & a_{23} \\ a_{31} & b_3 & a_{33} \end{vmatrix} \qquad D_3=\begin{vmatrix} a_{11} & a_{12} & b_1 \\ a_{21} & a_{22} & b_2 \\ a_{31} & a_{32} & b_3 \end{vmatrix}$$

其中 D 为方程组的系数行列式,$D_i(i=1,2,3)$为常数项代替系数行列式中的第 $i(i=1,2,3)$列后得到的行列式。显然,在 $D\neq0$ 时,方程组(4)有唯一解为:

$$\begin{cases} x_1=\dfrac{D_1}{D} \\ x_2=\dfrac{D_2}{D} \\ x_3=\dfrac{D_3}{D} \end{cases}$$

此式很易记忆,且反映出一定的规律性。

例 2 解线性方程组

$$\begin{cases} x_1-x_2+x_3=1 \\ x_1-2x_2-x_3=0 \\ 3x_1+x_2+2x_3=7 \end{cases}$$

解 计算系数行列式

$$D=\begin{vmatrix} 1 & -1 & 1 \\ 1 & -2 & -1 \\ 3 & 1 & 2 \end{vmatrix}=1\times(-2)\times2+(-1)\times(-1)\times3+1\times1\times1-1\times(-2)\times3$$
$$-1\times(-1)\times1-(-1)\times1\times2=9\neq0$$

知此方程组有唯一解,又因

$$D_1=\begin{vmatrix} 1 & -1 & 1 \\ 0 & -2 & -1 \\ 7 & 1 & 2 \end{vmatrix}=18$$

$$D_2=\begin{vmatrix}1&1&1\\1&0&-1\\3&7&2\end{vmatrix}=9$$

$$D_3=\begin{vmatrix}1&-1&1\\1&-2&0\\3&1&7\end{vmatrix}=0$$

所以此方程组的解为：

$$\begin{cases}x_1=\dfrac{D_1}{D}=\dfrac{18}{9}=2\\x_2=\dfrac{D_2}{D}=\dfrac{9}{9}=1\\x_3=\dfrac{D_3}{D}=\dfrac{0}{9}=0\end{cases}$$

通过上例可以看出，有了行列式这个工具，在解线性方程组时就显得公式好记忆，且有规律。

例 3　已知 $D=\begin{vmatrix}a&3&4\\-1&a&0\\0&a&1\end{vmatrix}=0$ ，求 a 的值。

解　计算三阶行列式

$$D=\begin{vmatrix}a&3&4\\-1&a&0\\0&a&1\end{vmatrix}=a^2+0+(-4a)-0-(-3)-0=a^2-4a+3$$

由于 $D=0$，故 $a=1$ 或 $a=3$。

二、n 阶行列式

为了讨论 n 阶行列式，下面给出全排列及逆序数的概念。

全排列　由前 n 个自然数 $1,2,\cdots,n$ 按任意顺序排成一个有序数组(数字不重复)，称为一个 n 级(全)排列，简称排列，记为 $j_1j_2\cdots j_n$。

n 级排列的种数为 $n!$，其中排列 $12\cdots n$ 为由小到大的排列，称为自然排列。如由 1，2，3 这三个数组成的 3 级排列共有：123，132，213，231，312，321，其中 123 为 3 级自然排列。

逆序数　n 级排列 $j_1j_2\cdots j_n$ 中，若有较大的数排在较小的数的前面，则称它们构成一个逆序。

n 级排列中，除自然排列外，每个排列中都有大数字排在小数字前面，当某两个数字的先后顺序与标准顺序(由小到大排列)不同时，就构成一个逆序。

设 $j_1j_2\cdots j_n$ 为一个 n 级排列，数 j_i 前面比 j_i 大的数字的数目叫数字 j_i 的逆序数，记为 $N(j_i)$。例如 5 级排列 32514，则 $N(2)=1$，$N(1)=3$，$N(3)=0$。

一个 n 级排列中所有逆序数之和，也即所有数字的逆序数之和，称为该排列的逆序数，记为 $N(j_1j_2\cdots j_n)$，即

$$N(j_1j_2\cdots j_n)=N(j_1)+N(j_2)+\cdots+N(j_n)$$

例如
$$\begin{aligned}N(32514)&=N(3)+N(2)+N(5)+N(1)+N(4)\\&=0+1+0+3+1=5\end{aligned}$$

易知由 1，2 这两个数字组成的排列的逆序数为：

$$N(12)=N(1)+N(2)=0$$
$$N(21)=N(2)+N(1)=1$$

由 1，2，3 组成的排列的逆序数为：

$$N(123)=N(1)+N(2)+N(3)=0,\quad N(132)=N(1)+N(3)+N(2)=1$$
$$N(213)=N(2)+N(1)+N(3)=1,\quad N(231)=N(2)+N(3)+N(1)=2$$
$$N(312)=N(3)+N(1)+N(2)=2,\quad N(321)=N(3)+N(2)+N(1)=3$$

考察二阶行列式，它是 $2!=2$ 项的代数和，每项来自不同行、不同列的 2 个元素的乘积，前面取正号与取负号的项各占一半，即各为一项。另外可以适当交换每项中元素的次序，使得它们的行标按自然顺序排列，这时，若相应列标逆序数为零，则这项前面取正号；若相应列标排列逆序数为奇数，则这项前面取负号。

再考察三阶行列式，它是 $3!=6$ 项的代数和，每项为来自不同行、不同列的 3 个元素乘积，前面取正号与取负号的项各占一半，即各为 3 项。适当交换每项中元素的次序，使得它们的行标按自然顺序排列，这时，若相应列标排列逆序数为零或偶数，则这项前面取正号；若相应列标排列逆序数为奇数，则这项前面取负号。

根据以上考察得到的规律，给出 n 阶行列式的概念。

定义 1 符号

$$\begin{vmatrix}a_{11} & a_{12} & \cdots & a_{1n}\\ a_{21} & a_{22} & \cdots & a_{2n}\\ \vdots & \vdots & & \vdots\\ a_{n1} & a_{n2} & \cdots & a_{nn}\end{vmatrix}$$

称为 n 阶行列式，它是 $n!$ 项的代数和，每项为来自不同行、不同列的 n 个元素的乘积。可以适当交换每项中元素的次序，使得它们的行标按自然顺序排列，这时，若相应列标排列逆序数为零或偶数，则这项前面取正号，若相应列标排列逆序数为奇数，则这项前面取负号。

n 阶行列式共有 n^2 个元素，它们排成 n 行 n 列，从左上角到右下角的对角

线称为主对角线,从右上角到左下角的对角线称为次对角线。容易知道:同一行的元素不可能乘在一起,同一列的元素也不可能乘再一起。可以证明:n 阶行列式中,取正号与取负号的项各占一半,即各为$\frac{1}{2}n!$ 项。

行列式通常用大写英文字母 D 来表示,或记作$|a_{ij}|$。特别地规定一阶行列式$|a_{11}|=a_{11}$,切记不要与绝对值混淆。

例 4　判断下列各项是否是 4 阶行列式的项,并指出其符号。

(1)$a_{41}a_{23}a_{12}a_{34}$　　　(2)$a_{12}a_{23}a_{34}a_{42}$

解　(1)$a_{41}a_{23}a_{12}a_{34}$是取自 4 阶行列式不同行、不同列的 4 个元素的乘积,由定义知它是 4 阶行列式的项。又适当交换所给项中元素的次序,使得行标按自然顺序排列,得到

$$a_{41}a_{23}a_{12}a_{34}=a_{12}a_{23}a_{34}a_{41}$$

这时,相应列排列逆序数

$$N(2341)=3$$

是奇数,所以此项的符号为负。

(2)$a_{12}a_{23}a_{34}a_{42}$中有两个元素 a_{12},a_{42}都取自第二列,因此,此项不是 4 阶行列式的项。

例 5　确定元素下标 l,m 的值,使得乘积 $a_{31}a_{22}a_{5m}a_{1l}a_{43}$为 5 阶行列式 D 中前面取正号的项。

解　在乘积 $a_{31}a_{22}a_{5m}a_{1l}a_{43}$中,元素的行标各不相同,列标分别为 $1,2,m,l,3$,欲使它们来自不同的列,必须 $m=5,l=4$ 或 $m=4,l=5$,这时,乘积 $a_{31}a_{22}a_{5m}a_{1l}a_{43}$才是 5 阶行列式 D 中的项。

当 $m=5,l=4$ 时,得到

$$a_{31}a_{22}a_{5m}a_{1l}a_{43}=a_{31}a_{22}a_{55}a_{14}a_{43}=a_{14}a_{22}a_{31}a_{43}a_{55}$$

这时,相应列标排列逆序数

$$N(42135)=4$$

是偶数,所以 $a_{31}a_{22}a_{55}a_{14}a_{43}$前面应取正号;而当 $m=4,l=5$ 时得到的项

$$a_{31}a_{22}a_{5m}a_{1l}a_{43}=a_{31}a_{22}a_{54}a_{15}a_{43}=a_{15}a_{22}a_{31}a_{43}a_{54}$$

这时,列标排列逆序数为 5,是奇数,所以该项前面取负号,不符合题意。

所以当 $m=5,l=4$ 时,乘积 $a_{31}a_{22}a_{5m}a_{1l}a_{43}$为 5 阶行列式 D 中前面取正号的项。

例 6　计算 n 行列式

$$D=\begin{vmatrix} a_{11} & 0 & \cdots & 0 \\ a_{21} & a_{22} & \cdots & 0 \\ \vdots & \vdots & & \vdots \\ a_{n1} & a_{n2} & \cdots & a_{nn} \end{vmatrix}$$

解　此行列式主对角线以上的元素全为零，因而含有零因子的项一定为零，按定义只需求出 D 的 $n!$ 项中非零项的代数和即可，且每一项来自不同行、不同列的 n 个元素的乘积。在这样的项中，必然有一因子来自第一行，只能是 a_{11}；必然有一个因子来自第二行，有元素 a_{21}，a_{22} 可供选择，但元素 a_{21} 与元素 a_{11} 同在第一列，从而只能取元素 a_{22}；类似地第三行只能取 a_{33}，…，第 n 行只能取 a_{nn}，这样此行列式可能不为零的项只有一项 $a_{11}a_{22}\cdots a_{nn}$，于是

$$D=\begin{vmatrix} a_{11} & 0 & \cdots & 0 \\ a_{21} & a_{22} & \cdots & 0 \\ \vdots & \vdots & & \vdots \\ a_{n1} & a_{n2} & \cdots & a_{nn} \end{vmatrix}=a_{11}a_{22}\cdots a_{nn}$$

例 6 中的行列式称为下三角形行列式(主对角线以上的元素全为零，即 $i<j$ 时，$a_{ij}=0$)；同样有上三角形行列式(主对角线以上的元素全为零，即 $i>j$ 时，$a_{ij}=0$)。

显然有

$$D=\begin{vmatrix} a_{11} & a_{12} & \cdots & a_{1n} \\ 0 & a_{22} & \cdots & a_{2n} \\ \vdots & \vdots & & \vdots \\ 0 & 0 & \cdots & a_{nn} \end{vmatrix}=a_{11}a_{22}\cdots a_{nn}$$

总之，三角形行列式(上、下三角形行列式)的值等于主对角线上元素的乘积。

若行列式主对角线以外的元素全为零，则称其为对角形行列式，它是三角形行列式的特殊情况，它的值显然也等于主对角线上元素的乘积，即

$$D=\begin{vmatrix} a_{11} & 0 & \cdots & 0 \\ 0 & a_{22} & \cdots & 0 \\ \vdots & \vdots & & \vdots \\ 0 & 0 & \cdots & a_{nn} \end{vmatrix}=a_{11}a_{22}\cdots a_{nn}$$

定义 2　已知行列式

$$D=\begin{vmatrix} a_{11} & a_{12} & \cdots & a_{1n} \\ a_{21} & a_{22} & \cdots & a_{2n} \\ \vdots & \vdots & & \vdots \\ a_{n1} & a_{n2} & \cdots & a_{nn} \end{vmatrix}$$

若将它的行与列依次互换，就得到一个新的行列式

$$D^T=\begin{vmatrix} a_{11} & a_{21} & \cdots & a_{n1} \\ a_{12} & a_{22} & \cdots & a_{n2} \\ \vdots & \vdots & & \vdots \\ a_{1n} & a_{2n} & \cdots & a_{nn} \end{vmatrix}$$

D^T 称为 D 的转置行列式。

行列式 D 与它的转置行列式 D^T 之间有重要的关系，为此先考察 3 阶行列式：

$$D=\begin{vmatrix} a_{11} & a_{12} & a_{13} \\ a_{21} & a_{22} & a_{23} \\ a_{31} & a_{32} & a_{33} \end{vmatrix}$$

$$=a_{11}a_{22}a_{33}+a_{12}a_{23}a_{31}+a_{13}a_{21}a_{32}-a_{13}a_{22}a_{31}-a_{12}a_{21}a_{33}-a_{11}a_{23}a_{32}$$

而

$$D^T=\begin{vmatrix} a_{11} & a_{21} & a_{31} \\ a_{12} & a_{22} & a_{32} \\ a_{13} & a_{23} & a_{33} \end{vmatrix}$$

$$=a_{11}a_{22}a_{33}+a_{12}a_{23}a_{31}+a_{13}a_{21}a_{32}-a_{13}a_{22}a_{31}-a_{12}a_{21}a_{33}-a_{11}a_{23}a_{32}$$

容易看出：$D^T=D$。可以证明此结论对于 n 阶行列式也成立，于是有以下定理：

定理　行列式与它的转置行列式的值相等，即

$$D^T=D$$

此定理说明：在行列式中，行与列的地位是对等的。即凡对行有关的性质，对列必然成立，反之亦然。

第二节　行列式的性质

前面讲到 2 阶、3 阶行列式的计算可采用对角线法则，但对角线法则不适用于 4 阶及以上的行列式的计算。根据行列式的定义计算行列式计算量太大，对于 n 阶行列式需要计算 $n(n-1)n!$ 次乘法，且对于高阶（3 阶以上）行列式的项

很抽象。所以有必要学习行列式的性质,来简化计算。

计算行列式的思路之一就是将行列式通过恒等变形化为三角形行列式,其依据即为行列式的性质。我们以 2 阶、3 阶行列式为例来验证(自己验证),实际上,其性质具有普遍性,所以以下性质我们不加证明给出。

性质 1　交换行列式的任意两行(列),行列式仅改变符号。

性质 2　行列式某一行(列)的每个元素乘以数 k,等于数 k 乘以该行列式。即

$$\begin{vmatrix} a_{11} & a_{12} & \cdots & a_{1n} \\ ka_{21} & ka_{22} & \cdots & ka_{2n} \\ \vdots & \vdots & & \vdots \\ a_{n1} & a_{n2} & \cdots & a_{nn} \end{vmatrix} = k \begin{vmatrix} a_{11} & a_{12} & \cdots & a_{1n} \\ a_{21} & a_{22} & \cdots & a_{2n} \\ \vdots & \vdots & & \vdots \\ a_{n1} & a_{n2} & \cdots & a_{nn} \end{vmatrix}$$

性质 3　行列式某两行(列)的对应元素相同,该行列式的值为零。

性质 4　行列式有一行(列)的元素全为零,其值为零。

性质 5　行列式有两行(列)对应元素成比例,其值为零。

性质 6　数 k 乘行列式某一行(列)的各元素加到另一行(列)的对应元素上,行列式的值不变。

为了方便我们规定:

以 r_i 表示第 i 行,以 c_j 表示第 j 列。交换 i,j 两行,记作 $r_i \leftrightarrow r_j$;第 i 行乘以数 k,记作 kr_i;第 i 行提公因数 k,记作 $r_i \div k$;第 i 行乘以数 k 加到第 j 行上,记作 $kr_i + r_j$。对列也有类似记法。

例 1　已知 $\begin{vmatrix} x_1 & y_1 & z_1 \\ x_2 & y_2 & z_2 \\ x_3 & y_3 & z_3 \end{vmatrix} = 3$,则有

$$\begin{vmatrix} x_1 & y_1 & z_1 \\ x_2 & y_2 & z_2 \\ 2x_3 & 2y_3 & 2z_3 \end{vmatrix} = 2 \begin{vmatrix} x_1 & y_1 & z_1 \\ x_2 & y_2 & z_2 \\ x_3 & y_3 & z_3 \end{vmatrix} = 2 \times 3 = 6$$

$$\begin{vmatrix} 2x_1 & 2y_1 & 2z_1 \\ 2x_2 & 2y_2 & 2z_2 \\ 2x_3 & 2y_3 & 2z_3 \end{vmatrix} = 2^3 \begin{vmatrix} x_1 & y_1 & z_1 \\ x_2 & y_2 & z_2 \\ x_3 & y_3 & z_3 \end{vmatrix} = 2^3 \times 3 = 24$$

例 2　计算行列式 $D = \begin{vmatrix} 0 & 0 & 1 & 0 \\ 0 & 1 & 0 & 0 \\ 1 & 0 & 0 & 0 \\ 0 & 0 & 0 & 1 \end{vmatrix}$ 的值。

解　交换第一行与第三行得

$$D=-\begin{vmatrix}1&0&0&0\\0&1&0&0\\0&0&1&0\\0&0&0&1\end{vmatrix}=-1$$

例 3　计算

$$D=\begin{vmatrix}3&-4&6&1\\2&-1&4&-2\\-2&5&-5&2\\2&-4&6&0\end{vmatrix}$$

解　利用行列式性质化 D 为三角形行列式

$$D\xlongequal{r_4\div 2}2\begin{vmatrix}3&-4&6&1\\2&-1&4&-2\\-2&5&-5&2\\1&-2&3&0\end{vmatrix}\xlongequal{r_1\leftrightarrow r_4}-2\begin{vmatrix}1&-2&3&0\\2&-1&4&-2\\-2&5&-5&2\\3&-4&6&1\end{vmatrix}\xlongequal[-3r_1+r_4]{\substack{-2r_1+r_2\\2r_1+r_3}}$$

$$-2\begin{vmatrix}1&-2&3&0\\0&3&-2&-2\\0&1&1&2\\0&2&-3&1\end{vmatrix}\xlongequal{r_2\leftrightarrow r_3}2\begin{vmatrix}1&-2&3&0\\0&1&1&2\\0&3&-2&-2\\0&2&-3&1\end{vmatrix}\xlongequal[-2r_2+r_4]{-3r_2+r_3}$$

$$2\begin{vmatrix}1&-2&3&0\\0&1&1&2\\0&0&-5&-8\\0&0&-5&-3\end{vmatrix}\xlongequal{-1r_3+r_4}2\begin{vmatrix}1&-2&3&0\\0&1&1&2\\0&0&-5&-8\\0&0&0&5\end{vmatrix}=-50$$

例 4　计算下列 n 解行列式

$$D=\begin{vmatrix}1&1&\cdots&1\\1&0&\cdots&1\\\vdots&\vdots&&\vdots\\1&1&\cdots&0\end{vmatrix}$$

解　将第一行的-1倍分别加到第二行至第 n 行上去，则有

$$D=\begin{vmatrix}1&1&\cdots&1\\0&-1&\cdots&0\\\vdots&\vdots&&\vdots\\0&0&\cdots&-1\end{vmatrix}=(-1)^{n-1}$$

例 5　计算 n 解行列式

$$D=\begin{vmatrix} x & a & \cdots & a \\ a & x & \cdots & a \\ \vdots & \vdots & & \vdots \\ a & a & \cdots & x \end{vmatrix}$$

解　此行列式的特点是：主对角线上元素全为 x，其余元素全为 a，因而每列的 n 个元素的和皆为 $x+(n-1)a$，于是第二行至第 n 行都加到第一行上有：

$$D=\begin{vmatrix} x & a & \cdots & a \\ a & x & \cdots & a \\ \vdots & \vdots & & \vdots \\ a & a & \cdots & x \end{vmatrix}=\begin{vmatrix} x+(n-1)a & x+(n-1)a & \cdots & x+(n-1)a \\ a & x & \cdots & a \\ \vdots & \vdots & & \vdots \\ a & a & \cdots & x \end{vmatrix}$$

$$=[x+(n-1)a]\begin{vmatrix} 1 & 1 & \cdots & 1 \\ a & x & \cdots & a \\ \vdots & \vdots & & \vdots \\ a & a & \cdots & x \end{vmatrix}\overset{\substack{-ar_1+r_2 \\ \cdots\cdots \\ -ar_1+r_n}}{=\!=\!=}$$

$$[x+(n-1)a]\begin{vmatrix} 1 & 1 & \cdots & 1 \\ 0 & x-a & \cdots & 0 \\ \vdots & \vdots & & \vdots \\ 0 & 0 & \cdots & x-a \end{vmatrix}=[x+(n-1)a](x-a)^{n-1}$$

第三节　行列式的计算

计算行列式的思路之二，就是将行列式通过恒等变形化为较低阶的行列式，其依据即为行列式的展开。为此先介绍余子式及代数余子式的概念：

定义 1　在 n 阶行列式 D 中，把元素 a_{ij} 所在的第 i 行第 j 列划去后，剩下的元素构成的 $n-1$ 阶行列式，成为元素 a_{ij} 的余子式，记作 M_{ij}；且记

$$A_{ij}=(-1)^{i+j}M_{ij}$$

叫做元素 a_{ij} 的代数余子式。

例如 4 阶行列式

$$\begin{vmatrix} a_{11} & a_{12} & a_{13} & a_{14} \\ a_{21} & a_{22} & a_{23} & a_{24} \\ a_{31} & a_{32} & a_{33} & a_{34} \\ a_{41} & a_{42} & a_{43} & a_{44} \end{vmatrix}$$

中的元素 a_{32} 的余子式、代数余子式分别为

$$M_{32}=\begin{vmatrix} a_{11} & a_{13} & a_{14} \\ a_{21} & a_{23} & a_{24} \\ a_{41} & a_{43} & a_{44} \end{vmatrix}$$

$$A_{32}=(-1)^{3+2}M_{32}=-\begin{vmatrix} a_{11} & a_{13} & a_{14} \\ a_{21} & a_{23} & a_{24} \\ a_{41} & a_{43} & a_{44} \end{vmatrix}$$

考察 3 阶行列式

$$D=\begin{vmatrix} a_{11} & a_{12} & a_{13} \\ a_{21} & a_{22} & a_{23} \\ a_{31} & a_{32} & a_{33} \end{vmatrix}$$

容易求得第一行各元素的代数余子式：

元素 a_{11} 的代数余子式

$$A_{11}=(-1)^{1+1}\begin{vmatrix} a_{22} & a_{23} \\ a_{32} & a_{33} \end{vmatrix}=a_{22}a_{33}-a_{23}a_{32}$$

元素 a_{12} 的代数余子式

$$A_{12}=(-1)^{1+2}\begin{vmatrix} a_{21} & a_{23} \\ a_{31} & a_{33} \end{vmatrix}=-(a_{21}a_{33}-a_{23}a_{31})=a_{23}a_{31}-a_{21}a_{33}$$

元素 a_{13} 的代数余子式

$$A_{13}=(-1)^{1+3}\begin{vmatrix} a_{21} & a_{22} \\ a_{31} & a_{32} \end{vmatrix}=a_{21}a_{32}-a_{22}a_{31}$$

那么，3 阶行列式 D 的值与这些代数余子式间有什么关系呢？由以上结论易得：

$$\begin{aligned} D &= \begin{vmatrix} a_{11} & a_{12} & a_{13} \\ a_{21} & a_{22} & a_{23} \\ a_{31} & a_{32} & a_{33} \end{vmatrix} \\ &=a_{11}a_{22}a_{33}-a_{12}a_{23}a_{31}+a_{13}a_{21}a_{32}-a_{13}a_{22}a_{31}-a_{12}a_{21}a_{33}-a_{11}a_{23}a_{32} \\ &=a_{11}(a_{22}a_{33}-a_{23}a_{32})+a_{12}(a_{23}a_{31}-a_{21}a_{33})+a_{13}(a_{21}a_{32}-a_{22}a_{31}) \\ &=a_{11}A_{11}+a_{12}A_{12}+a_{13}A_{13} \end{aligned}$$

此结论说明：3 阶行列式 D 的值等于第一行各元素与其代数余子式乘积的和。同理经过类似推导可得 D 的值等于第二行或第三行各元素与其代数余子式乘积的和。总之 3 阶行列式 D 的值等于它任意一行（列）的各元素与其代数余子式乘积的和。

可以证明，以上结论对于 n 阶行列式在一般情况下也是成立的，于是我们有以下定理：

定理 n 阶行列式 D 的值等于它任意一行(列)的各元素与其代数余子式乘积之和，即

$$D=\begin{vmatrix} a_{11} & a_{12} & \cdots & a_{1n} \\ a_{21} & a_{22} & \cdots & a_{2n} \\ \vdots & \vdots & & \vdots \\ a_{n1} & a_{n2} & \cdots & a_{nn} \end{vmatrix}$$

$$=a_{11}A_{11}+a_{12}A_{12}+\cdots+a_{1n}A_{1n}=a_{21}A_{21}+a_{22}A_{22}+\cdots+a_{2n}A_{2n}$$

$$=\cdots\cdots$$

$$=a_{n1}A_{n1}+a_{n2}A_{n2}+\cdots+a_{nn}A_{nn}$$

$$=a_{11}A_{11}+a_{21}A_{21}+\cdots+a_{n1}A_{n1}=a_{12}A_{12}+a_{22}A_{22}+\cdots+a_{n2}A_{n2}$$

$$=\cdots\cdots$$

$$=a_{1n}A_{1n}+a_{2n}A_{2n}+\cdots+a_{nn}A_{nn}$$

此定理给出了 $2n$ 个关系式，在具体应用时，只需选择一个关系式即可。注意到零元素与其代数余子式的乘积为零，所以应选择零元素较多的一行(列)展开行列式，以减少计算量。

例 1 计算 $D=\begin{vmatrix} 7 & 0 & 4 & 0 \\ 1 & 0 & 5 & 2 \\ 3 & -1 & -1 & 6 \\ 8 & 0 & 5 & 0 \end{vmatrix}$

解 按第二列展开，则

$$D=\begin{vmatrix} 7 & 0 & 4 & 0 \\ 1 & 0 & 5 & 2 \\ 3 & -1 & -1 & 6 \\ 8 & 0 & 5 & 0 \end{vmatrix}=0\times A_{12}+0\times A_{22}+(-1)A_{32}+0\times A_{42}$$

$$=(-1)\times(-1)^{3+2}\begin{vmatrix} 7 & 4 & 0 \\ 1 & 5 & 2 \\ 8 & 5 & 0 \end{vmatrix}=2\times A_{23}=2\times(-1)^{2+3}\begin{vmatrix} 7 & 4 \\ 8 & 5 \end{vmatrix}=-6$$

一般地，若行列式中零元素较少时，可先利用行列式的性质将行列式某一行(列)的元素尽可能多的化为零(称为化零运算)，然后再按这一行(列)展开，变为低一阶的行列式，如此以次进行，直至将行列式化为三角形行列式或 2 阶行列式，求得结果。

例 2 计算行列式

$$D=\begin{vmatrix}1&2&2&1\\0&1&1&2\\2&0&1&2\\0&2&0&1\end{vmatrix}$$

解　第一行的-2倍加到第3行，得

$$D=\begin{vmatrix}1&2&2&1\\0&1&1&2\\0&-4&-3&0\\0&2&0&1\end{vmatrix}$$

（按第1列展开）

$$=1\times(-1)^{1+1}\begin{vmatrix}1&1&2\\-4&-3&0\\2&0&1\end{vmatrix}\text{（第3行的}-2\text{倍加到第1行上）}$$

$$=\begin{vmatrix}-3&1&0\\-4&-3&0\\2&0&1\end{vmatrix}\text{（按第3列展开）}$$

$$=1\times(-1)^{3+3}\begin{vmatrix}-3&1\\-4&-3\end{vmatrix}=13$$

例3　在实数范围内，当k为何值时，使得4阶行列式

$$D=\begin{vmatrix}1&2&1&1\\1&k&2&3\\0&0&k&2\\0&0&-2&k\end{vmatrix}=0$$

解　计算行列式

$$D=\begin{vmatrix}1&2&1&1\\1&k&2&3\\0&0&k&2\\0&0&-2&k\end{vmatrix}\overset{-1r_1+r_2}{=\!=\!=\!=}\begin{vmatrix}1&2&1&1\\0&k-2&1&2\\0&0&k&2\\0&0&-2&k\end{vmatrix}\text{（按第一列展开）}$$

$$=1\times(-1)^{1+1}\begin{vmatrix}k-2&1&2\\0&k&2\\0&-2&k\end{vmatrix}\text{（按第一列展开）}$$

$$=(k-2)(-1)^{1+1}\begin{vmatrix}k&2\\-2&k\end{vmatrix}=(k-2)(k^2+4)$$

令$D=0$，得$k=2$。

例 4 计算 n 阶行列式

$$D=\begin{vmatrix} 0 & 1 & 0 & \cdots & 0 \\ 0 & 0 & 1 & \cdots & 0 \\ \vdots & \vdots & \vdots & & \vdots \\ 0 & 0 & 0 & \cdots & 1 \\ 1 & 0 & 0 & \cdots & 0 \end{vmatrix}$$

解 可根据行列式的性质，将其划为三角形行列式，求其结果；也可按第一列展开，有

$$D=\begin{vmatrix} 0 & 1 & 0 & \cdots & 0 \\ 0 & 0 & 1 & \cdots & 0 \\ \vdots & \vdots & \vdots & & \vdots \\ 0 & 0 & 0 & \cdots & 1 \\ 1 & 0 & 0 & \cdots & 0 \end{vmatrix}=1\times(-1)^{n+1}\begin{vmatrix} 1 & 0 & \cdots & 0 \\ 0 & 1 & \cdots & 0 \\ \vdots & \vdots & & \vdots \\ 0 & 0 & \cdots & 1 \end{vmatrix}=(-1)^{n+1}$$

有以上定理不难得到以下推论：

推论 行列式任一行(列)的元素与另一行(列)的元素的代数余子式乘积之和为零，即

$$a_{i1}A_{j1}+a_{i2}A_{j2}+\cdots+a_{in}A_{jn}=0\ (i\neq j)$$

第四节 克莱姆(Cramer)法则

行列式的一个重要应用就是解线性方程组，在第一节中我们已经知道由两个方程组成的线性方程组

$$\begin{cases} a_{11}x_1+a_{12}x_2=b_1 \\ a_{21}x_1+a_{22}x_2=b_2 \end{cases}$$

在系数行列式 $D\neq0$ 时，有唯一解

$$\begin{cases} x_1=\dfrac{D_1}{D} \\ x_2=\dfrac{D_2}{D} \end{cases}$$

而对于由三个方程组成的三元线性方程组

$$\begin{cases} a_{11}x_1+a_{12}x_2+a_{13}x_3=b_1 \\ a_{21}x_1+a_{22}x_2+a_{23}x_3=b_2 \\ a_{31}x_1+a_{32}x_2+a_{33}x_3=b_3 \end{cases}$$

在系数行列式 $D\neq0$ 时，有唯一解

$$\begin{cases} x_1=\dfrac{D_1}{D} \\ x_2=\dfrac{D_2}{D} \\ x_3=\dfrac{D_3}{D} \end{cases}$$

以上结论可推广到由 n 个方程组成的 n 元线性方程组

$$\begin{cases} a_{11}x_1+a_{12}x_2+\cdots+a_{1n}x_n=b_1 \\ a_{21}x_1+a_{22}x_2+\cdots+a_{2n}x_n=b_2 \\ \cdots\cdots\cdots\cdots\cdots\cdots\cdots\cdots\cdots\cdots \\ a_{n1}x_1+a_{n2}x_2+\cdots+a_{nn}x_n=b_n \end{cases} \tag{1}$$

解的情况，为此设

$$D=\begin{vmatrix} a_{11} & a_{12} & \cdots & a_{1n} \\ a_{21} & a_{22} & \cdots & a_{2n} \\ \vdots & \vdots & & \vdots \\ a_{n1} & a_{n2} & \cdots & a_{nn} \end{vmatrix}$$

为方程组(1)的系数行列式，D_i 为用常数项 $b_i(i=1,2,\cdots,n)$ 代替系数行列式 D 中的第 i 列后组成的行列式。关于方程组(1)的解，我们有以下定理：

定理 1　若线性方程组(1)的系数行列式 $D\neq0$，则方程组(1)由唯一解

$$\begin{cases} x_1=\dfrac{D_1}{D} \\ x_2=\dfrac{D_2}{D} \\ \cdots\cdots\cdots \\ x_n=\dfrac{D_n}{D} \end{cases}$$

证　用 D 中第 j 列各元素的代数余子式 $A_{1j},A_{2j}\cdots A_{nj}(j=1,2\cdots n)$ 依次称方程(1)的第 $1,2,\cdots,n$ 个方程，再将等式两端分别相加整理，有：

$$(a_{11}A_{1j}+a_{21}A_{2j}+\cdots+a_{n1}A_{nj})x_1+\cdots+(a_{1j}A_{1j}+a_{2j}A_{2j}+\cdots+a_{nj}A_{nj})x_j$$
$$+\cdots+(a_{1n}A_{1j}+a_{2n}A_{2j}+\cdots+a_{nn}A_{nj})x_n=b_1A_{1j}+b_2A_{2j}+\cdots+b_nA_{nj}$$

由第四节定理及推论得 $x_i(i\neq j)$ 的系数为零，而 x_j 的系数不为零，且 x_j 的系数是 D，于是得

$$Dx_j=D_j(j=1,2,\cdots,n)$$

所以当 $D\neq0$ 时，有

$$x_j=\frac{D_j}{D}(j=1,2,\cdots,n)$$

定理 1 不仅给出了方程组(1)有唯一解的条件，而且还给出了求解的方法。

例 1 解线性方程组

$$\begin{cases} x_1 - x_2 + x_3 - 2x_4 = 2 \\ 2x_1 - x_3 + 4x_4 = 4 \\ 3x_1 + 2x_2 + x_3 = 0 \\ -x_1 + 2x_2 - x_3 + 2x_4 = -4 \end{cases}$$

解 先分别计算 D 和 $D_j(j=1,2,3,4)$

$$D = \begin{vmatrix} 1 & -1 & 1 & -2 \\ 2 & 0 & -1 & 4 \\ 3 & 2 & 1 & 0 \\ -1 & 2 & -1 & 2 \end{vmatrix} \xlongequal{r_4+r_1} \begin{vmatrix} 0 & 1 & 0 & 0 \\ 2 & 0 & -1 & 4 \\ 3 & 2 & 1 & 0 \\ -1 & 2 & -1 & 2 \end{vmatrix} \text{(按第 1 行展开)}$$

$$= (-1)^{1+2} \begin{vmatrix} 2 & -1 & 4 \\ 3 & 1 & 0 \\ -1 & -1 & 2 \end{vmatrix} \xlongequal{-2r_4+r_1} - \begin{vmatrix} 4 & 1 & 0 \\ 3 & 1 & 0 \\ -1 & -1 & 2 \end{vmatrix} = -2$$

故方程组有唯一解。又

$$D_1 = \begin{vmatrix} 2 & -1 & 1 & -2 \\ 4 & 0 & -1 & 4 \\ -1 & 2 & 1 & 0 \\ -4 & 2 & -1 & 2 \end{vmatrix} = -2$$

同理可得：$D_2=4, D_3=0, D_4=-1$，所以方程组的解为：

$$\begin{cases} x_1 = \dfrac{D_1}{D} = 1 \\ x_2 = \dfrac{D_2}{D} = -2 \\ x_3 = \dfrac{D_3}{D} = 0 \\ x_4 = \dfrac{D_4}{D} = \dfrac{1}{2} \end{cases}$$

如果在方程组(1)中的常数项 $b_1, b_2, \cdots, b_n$ 全部为零，方程组(1)即为：

$$\begin{cases} a_{11}x_1 + a_{12}x_2 + \cdots + a_{1n}x_n = 0 \\ a_{21}x_1 + a_{22}x_2 + \cdots + a_{2n}x_n = 0 \\ \cdots\cdots\cdots\cdots\cdots\cdots\cdots\cdots \\ a_{n1}x_1 + a_{n2}x_2 + \cdots + a_{nn}x_n = 0 \end{cases} \tag{2}$$

方程组(2)称为齐次线性方程组，而方程组(1)称为非齐次线性方程组。

根据行列式的性质及克莱姆法则，易得以下定理：

定理 2　如果齐次线性方程组(2)的系数行列式 $D\neq 0$,则它只有零解。

定理 2 说明:形如(2)的齐次线性方程组至少有一组解零解,那么它除了零解外还有没有非零解呢? 于是我们有以下定理:

推论　齐次线性方程组有非零解的充要条件为其系数行列式 $D=0$。

例 2　问 λ 为何值时,齐次线性方程组

$$\begin{cases}(5-\lambda)x & +2y & +2z=0\\ 2x+(6-\lambda)y & & =0\\ 2x+ & & +(4-\lambda)z=0\end{cases}$$

有非零解?

解　根据以上推论知,齐次线性方程组有非零解,则其系数行列式 D 为零,而

$$D=\begin{vmatrix}5-\lambda & 2 & 2\\ 2 & 6-\lambda & 0\\ 2 & 0 & 4-\lambda\end{vmatrix}=(5-\lambda)(6-\lambda)(4-\lambda)-4(4-\lambda)-4(6-\lambda)$$

$$=(5-\lambda)(2-\lambda)(8-\lambda)$$

由 $D=0$,得 $\lambda=2,\lambda=5$ 或 $\lambda=8$。

不难验证,当 $\lambda=2,\lambda=5$ 或 $\lambda=8$ 时,此齐次线性方程组确有非零解。

例 3　求平面上经过两点 $A(3,-2),B(-1,4)$的直线方程。

解　设所求直线方程为:

$$ax+by+c=0$$

设 $p(x,y)$是直线上任意一点,且点 A,B 也在直线上,则有:

$$\begin{cases}ax+by+c=0\\ 3a-2b+c=0\\ -a+4b+c=0\end{cases}$$

作为直线方程 a,b,c 不可能全为零,所以上述关于 a,b,c 的齐次方程组必有非零解,从而得其系数行列式为零,即

$$\begin{vmatrix}x & y & 1\\ 3 & -2 & 1\\ -1 & 4 & 1\end{vmatrix}=0$$

按第一行展开得:

$$-6x-4y+10=0$$

即为所求方程。

应该注意,在应用克莱姆法则解线性方程组时,需要计算$(n+1)$个 n 阶行列式,计算量很大,且它只能解特殊的线性方程组,更一般的将在第三章详细讨论。

习题一

1. 计算下列 2 阶、3 阶行列式。

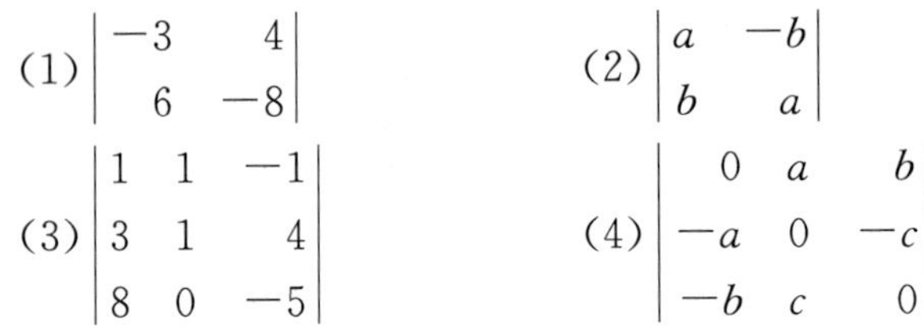

(1) $\begin{vmatrix} -3 & 4 \\ 6 & -8 \end{vmatrix}$　　(2) $\begin{vmatrix} a & -b \\ b & a \end{vmatrix}$

(3) $\begin{vmatrix} 1 & 1 & -1 \\ 3 & 1 & 4 \\ 8 & 0 & -5 \end{vmatrix}$　　(4) $\begin{vmatrix} 0 & a & b \\ -a & 0 & -c \\ -b & c & 0 \end{vmatrix}$

2. 当 x 为何值时，使得 3 阶行列式

$$D=\begin{vmatrix} 5 & 1 & x \\ 4 & x & 0 \\ 1 & 0 & x \end{vmatrix}=0$$

3. 求下列排列的逆序数。

(1)365412　　(2)87654321　　(3)518394267

4. 判断下列乘积是否是 4 阶行列式的项？若是确定其符号。

(1)$a_{22}a_{14}a_{33}a_{41}$　　(2)$a_{22}a_{13}a_{34}a_{42}$　　(3)$a_{22}a_{13}a_{34}a_{41}$

5. 确定行标 l,m 的值，使得乘积 $a_{l1}a_{24}a_{43}a_{m2}$ 为 4 阶行列式中前面取正、负号的项。

6. 根据定义计算行列式。

(1) $\begin{vmatrix} -1 & 0 & \cdots & 0 \\ -1 & -1 & \cdots & 0 \\ \vdots & \vdots & & \vdots \\ -1 & -1 & \cdots & -1 \end{vmatrix}_n$　　(2) $\begin{vmatrix} a & 0 & 0 & d \\ 0 & c & d & 0 \\ 0 & e & f & 0 \\ g & 0 & 0 & h \end{vmatrix}$

(3) $\begin{vmatrix} 0 & 1 & 0 & \cdots & 0 \\ \vdots & \ddots & 2 & \ddots & \vdots \\ \vdots & & \ddots & \ddots & 0 \\ 0 & \cdots & \cdots & 0 & n-1 \\ n & \cdots & \cdots & \cdots & 0 \end{vmatrix}$

7. 解下列线性方程组。

(1) $\begin{cases} 3x+5y=21 \\ 2x-\ y=1 \end{cases}$　　(2) $\begin{cases} x_1+x_2-2x_3=-3 \\ 2x_1+x_2\ -x_3=1 \\ x_1-x_2+3x_3=8 \end{cases}$

8. 已知行列式

$$D=\begin{vmatrix} a_1 & a_2 & a_3 \\ b_1 & b_2 & b_3 \\ c_1 & c_2 & c_3 \end{vmatrix}=-2$$

求下列行列式的值。

(1) $D=\begin{vmatrix} a_1 & b_1 & c_1 \\ a_2 & b_2 & c_2 \\ a_3 & b_3 & c_3 \end{vmatrix}$ (2) $D=\begin{vmatrix} c_1 & a_1 & b_1 \\ c_2 & a_2 & b_2 \\ c_3 & a_3 & b_3 \end{vmatrix}$

(3) $D=\begin{vmatrix} 2a_1 & 2b_1 & 2c_1 \\ 2a_2 & 2b_2 & 2c_2 \\ 2a_3 & 2b_3 & 2c_3 \end{vmatrix}$

9. 计算下列 4 阶行列式。

(1) $\begin{vmatrix} 1 & 2 & 3 & 0 \\ 0 & 1 & 2 & 3 \\ 3 & 0 & 1 & 2 \\ 2 & 3 & 0 & 1 \end{vmatrix}$ (2) $\begin{vmatrix} 1 & 1 & 1 & 1 \\ 1 & 2 & 3 & 4 \\ 1 & 3 & 6 & 10 \\ 1 & 4 & 10 & 20 \end{vmatrix}$

(3) $\begin{vmatrix} -1 & 0 & 0 & 1 \\ x & -1 & 0 & 0 \\ 0 & x & -1 & 0 \\ 0 & 0 & x & -1 \end{vmatrix}$ (4) $\begin{vmatrix} a & 1 & 1 & 1 \\ 1 & a & 1 & 1 \\ 1 & 1 & a & 1 \\ 1 & 1 & 1 & a \end{vmatrix}$

10. 计算下列 n 阶行列式。

(1) $\begin{vmatrix} 1 & 2 & 3 & \cdots & n \\ -1 & 0 & 3 & \cdots & n \\ -1 & -2 & 0 & \cdots & n \\ \vdots & \vdots & \vdots & & \vdots \\ -1 & -2 & -3 & \cdots & 0 \end{vmatrix}$ (2) $\begin{vmatrix} x+a & x & x & \cdots & x \\ x & x+a & x & \cdots & x \\ x & x & x+a & \cdots & x \\ \vdots & \vdots & \vdots & & \vdots \\ x & x & x & \cdots & x+a \end{vmatrix}$

11. 已知 3 阶行列式

$$D=\begin{vmatrix} -1 & 2 & 3 \\ 3 & 1 & -2 \\ 2 & -3 & 1 \end{vmatrix}$$

求元素 $a_{32}=-3$ 的代数余子式 A_{32}。

12. 计算下列 4 阶行列式的值。

(1) $\begin{vmatrix} 1 & 3 & -5 & 6 \\ 2 & 0 & 4 & 1 \\ 3 & 0 & 2 & 0 \\ -4 & 0 & 1 & 0 \end{vmatrix}$ (2) $\begin{vmatrix} 1 & 2 & -1 & 2 \\ -1 & 1 & 2 & 3 \\ 0 & 0 & 1 & 2 \\ 0 & 0 & -2 & 1 \end{vmatrix}$

(3) $\begin{vmatrix} a & 0 & 0 & b \\ 0 & a & b & 0 \\ 0 & b & a & 0 \\ b & 0 & 0 & a \end{vmatrix}$ (4) $\begin{vmatrix} x & 1 & 1 & 1 \\ 1 & x & 1 & 1 \\ -1 & 1 & y & 1 \\ -1 & 1 & 1 & y \end{vmatrix}$

13. 计算下列 n 阶行列式。

(1) $\begin{vmatrix} 0 & -1 & 1 & \cdots & 1 & 1 \\ 0 & 0 & -1 & \cdots & 1 & 1 \\ \vdots & \vdots & \vdots & & \vdots & \vdots \\ 0 & 0 & 0 & \cdots & 0 & -1 \\ -1 & 1 & 1 & \cdots & 1 & 1 \end{vmatrix}$ (2) $\begin{vmatrix} a & 0 & \cdots & 0 & 1 \\ 0 & a & \cdots & 0 & 0 \\ \vdots & \vdots & \vdots & & \vdots \\ 0 & 0 & \cdots & a & 0 \\ 1 & 0 & \cdots & 0 & a \end{vmatrix}$

14. 用克莱姆法则解下列方程组。

(1) $\begin{cases} 6x_1 + 4x_3 + x_4 = 3 \\ x_1 - x_2 + 2x_3 + x_4 = 1 \\ 4x_1 + x_2 + 2x_3 = 1 \\ x_1 + x_2 + x_3 + x_4 = 0 \end{cases}$ (2) $\begin{cases} x_2 + x_3 + x_4 + x_5 = 1 \\ x_1 + x_3 + x_4 + x_5 = 2 \\ x_1 + x_2 + x_4 + x_5 = 3 \\ x_1 + x_2 + x_3 + x_5 = 4 \\ x_1 + x_2 + x_3 + x_4 = 5 \end{cases}$

15. 已知齐次线性方程组

$$\begin{cases} kx + y + z = 0 \\ x + ky - z = 0 \\ 2x - y + z = 0 \end{cases}$$

有非零解，求 k 的值。

16. λ 为何值时，方程组

$$\begin{cases} \lambda x_1 + x_2 + x_3 = 0 \\ x_1 + \lambda x_2 + x_3 = 0 \\ 3x_1 - x_2 + x_3 = 0 \end{cases}$$

可能有非零解？λ 为何值时，只有零解？

第二章 矩 阵

通过第一章的讨论已经知道，只有当线性方程组的个数等于未知量的个数并且系数行列式不等于零时，才能用克莱姆法则求出线性方程组的解。对于一般线性方程组的解的讨论，需要借助于矩阵这一重要的工具。其实矩阵的作用并不仅限于此。它不仅是线性代数研究的一个重要内容，而且在数学的许多分支，在物理、化学以及很多技术科学中都有着广泛的应用。矩阵之所以有用，不在于把一些数排成矩形表本身，主要在于可以对它们施行一些有实际意义的运算。本章将介绍矩阵的基本概念和运算，同时给出几种特殊的、重要的矩阵，建立矩阵与行列式的某种关系，还要学习逆矩阵，初等变换及其相应的初等矩阵和矩阵的秩，最后介绍分块矩阵。

第一节 矩阵的概念及运算

一、矩阵的概念

定义 1 由 $m\times n$ 个数 a_{ij}，$(i=1,2,\cdots,m,j=1,2,\cdots,n)$所排成的一个矩形数表

$$\begin{bmatrix} a_{11} & a_{12} & \cdots & a_{1n} \\ a_{21} & a_{22} & \cdots & a_{2n} \\ \vdots & \vdots & & \vdots \\ a_{m1} & a_{m2} & \cdots & a_{mn} \end{bmatrix} \tag{1}$$

就叫做一个矩阵。

矩阵中横排的叫行，竖排的叫列。a_{ij} 作矩阵的元素，式(1)表示的矩阵就是一个 m 行 n 列的矩阵。a_{ij} 的两个下标，第一个表示它所在的行数，第二个表示它所在的列数。矩形数表外用方括号(或圆括号)括起来，通常用大写字母 A，B，C，$\cdots$ 表示矩阵，有时为了标明一个矩阵的行数和列数，用 $A_{m\times n}$ 或 $A=(a_{ij})_{m\times n}$表示一个 m 行 n 列的矩阵。如果 a_{ij} 皆为实数，则称实矩阵，如不加说明，在本书中我们讨论的矩阵都是实矩阵，其中有以下几种特例：

(1)当 $m=1$ 时，矩阵 A 称为行矩阵，此时

$$A=(a_{11},a_{12},\cdots,a_{1n})$$

当 $n=1$ 时，矩阵 A 称为列矩阵，此时

$$A=\begin{bmatrix} a_{11} \\ a_{21} \\ \vdots \\ a_{m1} \end{bmatrix}$$

(2)当 $a_{ij}=0,(i=1,2,\cdots,m;j=1,2,\cdots,n)$时，称 A 为零矩阵，一般记为 $O_{m\times n}$或O。

(3)当 $m=n$ 时，矩阵 A 称为 n 阶方阵，例如

$$\begin{bmatrix} a_{11} & a_{12} & \cdots & a_{1n} \\ a_{21} & a_{22} & \cdots & a_{2n} \\ \vdots & \vdots & & \vdots \\ a_{n1} & a_{n2} & \cdots & a_{nn} \end{bmatrix}$$

为 $n\times n$ 方阵，常称为 n 阶方阵或 n 阶矩阵，简记为 $A=(a_{ij})_n$。按方阵 A 的元素的排列方式所构造的行列式称为方阵 A 的行列式，记为$|A|$或 $\det A$。在 n 阶方阵 A 中，过元素 $a_{11},a_{22},\cdots,a_{nn}$ 的直线，称为方阵的主对角线。主对角线上的元素称为主对角元。

(4)对角矩阵，主对角元以外的元素全为零的方阵称为对角矩阵。如

$$\begin{bmatrix} a_{11} & 0 & \cdots & 0 \\ 0 & a_{22} & \cdots & 0 \\ \vdots & \vdots & & \vdots \\ 0 & 0 & \cdots & a_{nn} \end{bmatrix}$$

为 n 阶对角矩阵。

特别地，主对角元全为 1 的对角矩阵称为单位矩阵，简记为 E 或 I。有时为了表明矩阵的阶数，将阶数写在下标处。如

$$\begin{bmatrix} 1 & 0 & \cdots & 0 \\ 0 & 1 & \cdots & 0 \\ \vdots & \vdots & & \vdots \\ 0 & 0 & \cdots & 1 \end{bmatrix}_n$$

表示 n 阶单位矩阵。

数量矩阵 主对角元全相等的对角矩阵称为数量矩阵。如

$$\begin{bmatrix} c & 0 & \cdots & 0 \\ 0 & c & \cdots & 0 \\ \vdots & \vdots & & \vdots \\ 0 & 0 & \cdots & c \end{bmatrix}_n$$

为一 n 阶数量矩阵(其中 c 为常数)。

(5)三角矩阵　主对角线下(上)方的元素全为零的方阵称为上(下)三角矩阵。例如

$$\begin{bmatrix} a_{11} & a_{12} & \cdots & a_{1n} \\ 0 & a_{22} & \cdots & a_{2n} \\ \vdots & \vdots & & \vdots \\ 0 & 0 & \cdots & a_{nn} \end{bmatrix}$$

为 n 阶上三角矩阵,即 $a_{ij}=0,i>j,i,j=1,2,\cdots,n$

$$\begin{bmatrix} a_{11} & 0 & \cdots & 0 \\ a_{21} & a_{22} & \cdots & 0 \\ \vdots & \vdots & & \vdots \\ a_{n1} & a_{n2} & \cdots & a_{nn} \end{bmatrix}$$

为 n 阶下三角矩阵,即 $a_{ij}=0,i<j,i,j=1,2,\cdots,n$。

(6)对称矩阵与反对称矩阵　在方阵 $A=(a_{ij})_n$ 中,如果 $a_{ij}=a_{ji}(i,j=1,2,\cdots,n)$则称 A 为对称矩阵,如果 A 还是实矩阵,则称 A 为实对称矩阵。如果 $a_{ij}=-a_{ji}(i,j=1,2,\cdots,n)$则称 A 为反对称矩阵。

二、矩阵的运算及其性质

定义 2　若矩阵 A 和矩阵 B 的行数、列数分别相等,则称 A,B 为同型矩阵。

定义 3　若矩阵 $A=(a_{ij})_{m\times n}$和矩阵 $B=(b_{ij})_{m\times n}$为同型矩阵,并且对应的元素相等,即 $a_{ij}=b_{ij},(i=1,2,\cdots,m;j=1,2,\cdots,n)$,则称矩阵 A 与矩阵 B 相等,记为 $A=B$。

1. 矩阵的加法

定义 4　设矩阵 A 和矩阵 B 为同型矩阵,即

$$A=(a_{ij})_{m\times n},\qquad B=(b_{ij})_{m\times n}$$

将矩阵 A,B 对应元相加得到的矩阵 C,称为矩阵 A 与矩阵 B 的和,记为

$$C=A+B$$

即

$$C=A+B=(a_{ij})_{m\times n}+(b_{ij})_{m\times n}=(c_{ij})_{m\times n}$$

其中 $c_{ij}=a_{ij}+b_{ij}(i=1,2,\cdots,m;j=1,2,\cdots,n)$

称矩阵

$$\begin{bmatrix} -a_{11} & -a_{12} & \cdots & -a_{1n} \\ -a_{21} & -a_{22} & \cdots & -a_{2n} \\ \vdots & \vdots & & \vdots \\ -a_{m1} & -a_{m2} & \cdots & -a_{mn} \end{bmatrix}$$

为矩阵 $A=(a_{ij})_{m\times n}$ 的负矩阵，记为 $-A$。

有了负矩阵的概念，我们把矩阵 A 与矩阵 B 的差定义为

$$A-B=A+(-B)$$

矩阵的加法满足以下运算律(设 A,B,C 都是 $m\times n$ 矩阵)：

(1)交换律：$A+B=B+A$

(2)结合律：$A+(B+C)=(A+B)+C$

(3)有零元　$O+A=A+O=A$

(4)有负元　$A+(-A)=O$

例 1　设 $A=\begin{bmatrix}3&0&6\\2&-1&1\end{bmatrix}$，$B=\begin{bmatrix}-1&1&5\\4&-1&2\end{bmatrix}$

求 $A+B$，$A-B$

$$A+B=\begin{bmatrix}3&0&6\\2&-1&1\end{bmatrix}+\begin{bmatrix}-1&1&5\\4&-1&2\end{bmatrix}=\begin{bmatrix}2&1&11\\6&-2&3\end{bmatrix}$$

$$A-B=\begin{bmatrix}3&0&6\\2&-1&1\end{bmatrix}-\begin{bmatrix}-1&1&5\\4&-1&2\end{bmatrix}=\begin{bmatrix}4&-1&1\\-2&0&-1\end{bmatrix}$$

2. 数与矩阵的乘法(数乘)

定义 5　设 $A=(a_{ij})_{m\times n}$，k 是一个实数，则称矩阵

$$(ka_{ij})_{m\times n}=\begin{bmatrix}ka_{11}&ka_{12}&\cdots&ka_{1n}\\ka_{21}&ka_{22}&\cdots&ka_{2n}\\\vdots&\vdots&&\vdots\\ka_{m1}&ka_{m2}&\cdots&ka_{mn}\end{bmatrix}$$

为数 k 与矩阵 A 的数量乘积，简称数乘，记为 kA。

由定义可知，数 k 乘矩阵是用数 k 乘矩阵的每一个元素。要注意的是，在矩阵 A 为方阵时，数乘矩阵与数乘行列式的区别。另外，

$$-A=(-1)A,-(-A)=A$$

数乘运算有下面的运算律：

设 A,B 为同类型矩阵，k,h 为常数，则

(1)$1A=A$；

(2)$k(hA)=(kh)A$；

(3)$k(A+B)=kA+kB$；

(4)$(k+h)A=kA+hA$。

例 2　已知 $A=\begin{bmatrix}3&4\\-1&0\end{bmatrix}$，$B=\begin{bmatrix}3&1\\-2&2\end{bmatrix}$，且 $2A-3X=B$

求矩阵 X。

解　在 $2A-3X=B$ 两端同加上 $(-2A)$ 得，

$$-3X=-2A+B=-2\begin{bmatrix}3 & 4\\-1 & 0\end{bmatrix}+\begin{bmatrix}3 & 1\\-2 & 2\end{bmatrix}=\begin{bmatrix}-3 & -7\\0 & 2\end{bmatrix}$$

两端同乘以 $\left(-\frac{1}{3}\right)$ 得

$$X=\begin{bmatrix}1 & \frac{7}{3}\\0 & -\frac{2}{3}\end{bmatrix}$$

应该注意，不能把求矩阵的和、差，以及数与矩阵的乘积的法则想当然地用于行列式，因为行列式的运算本质上是数的运算，它与矩阵的运算完全是两回事。

例如，数 k 与行列式 D 的乘积，就是把 D 的某一行（或某一列）的元素乘以 k，而不是 D 的所有元素乘以 k。若 A 为 n 阶方阵，则由数与矩阵的乘法以及行列式的性质，显然有

$$|kA|=k^n|A|$$

例如 $A=\begin{bmatrix}1 & 2\\1 & 0\end{bmatrix}$，则 $3A=\begin{bmatrix}3 & 6\\3 & 0\end{bmatrix}$，而 $|3A|=3^2|A|=-18$

3. 矩阵的乘法

定义 6　两个矩阵 $A=(a_{ij})_{m\times n}$，$B=(b_{ij})_{n\times s}$ 的乘积 AB 是矩阵 C，C 的第 i 行、第 j 列上的元素 c_{ij} 是 A 的第 i 行上的各元素分别与 B 的第 j 列上各对应元素的乘积之和。即

$$A=\begin{bmatrix}a_{11} & a_{12} & \cdots & a_{1n}\\a_{21} & a_{22} & \cdots & a_{2n}\\\vdots & \vdots & & \vdots\\a_{m1} & a_{m2} & \cdots & a_{mn}\end{bmatrix}\quad B=\begin{bmatrix}b_{11} & b_{12} & \cdots & b_{1s}\\b_{21} & b_{22} & \cdots & b_{2s}\\\vdots & \vdots & & \vdots\\b_{n1} & b_{n2} & \cdots & b_{ns}\end{bmatrix}$$

的乘积为

$$AB=C=(c_{ij})_{m\times s}=\begin{bmatrix}c_{11} & c_{12} & \cdots & c_{1s}\\c_{21} & c_{22} & \cdots & c_{2s}\\\vdots & \vdots & & \vdots\\c_{m1} & c_{m2} & \cdots & c_{ms}\end{bmatrix}$$

这里

$$c_{ij}=a_{i1}b_{1j}+a_{i2}b_{2j}+\cdots+a_{in}b_{nj}=\sum_{k=1}^{n}a_{ik}b_{kj}$$

从定义可以看出，两个矩阵相乘是有条件的，它要求左因子矩阵的列数等于

右因子矩阵的行数,否则便不能相乘,这时,乘积矩阵的行数等于左因子矩阵的行数,列数等于右因子矩阵的列数。用因式示意如下:

$$\begin{bmatrix} * & * & \cdots & * \\ \vdots & \vdots & & \vdots \\ a_{i1} & a_{i2} & \cdots & a_{in} \\ \vdots & \vdots & & \vdots \\ * & * & \cdots & * \end{bmatrix}\begin{bmatrix} * & \cdots & b_{1j} & \cdots & * \\ * & \cdots & b_{2j} & \cdots & * \\ \vdots & & \vdots & & \vdots \\ * & \cdots & b_{nj} & \cdots & * \end{bmatrix}=\begin{bmatrix} * & \cdots & * & \cdots & * \\ \vdots & & \vdots & & \vdots \\ * & \cdots & c_{ij} & \cdots & * \\ \vdots & & \vdots & & \vdots \\ * & \cdots & * & \cdots & * \end{bmatrix}$$

例 3 设

$$A=\begin{bmatrix} 1 & 2 \\ 3 & -1 \\ 0 & 4 \end{bmatrix},B=\begin{bmatrix} 2 & 3 \\ 4 & 1 \end{bmatrix}$$

求 AB。

解 $AB=\begin{bmatrix} 1 & 2 \\ 3 & -1 \\ 0 & 4 \end{bmatrix}\begin{bmatrix} 2 & 3 \\ 4 & 1 \end{bmatrix}$

$$=\begin{bmatrix} 1\times2+2\times4 & 1\times3+2\times1 \\ 3\times2+(-1)\times4 & 3\times3+(-1)\times1 \\ 0\times2+4\times4 & 0\times3+4\times1 \end{bmatrix}=\begin{bmatrix} 10 & 5 \\ 2 & 8 \\ 16 & 4 \end{bmatrix}$$

例 4 设

$$A=\begin{bmatrix} a_{11} & a_{12} & \cdots & a_{1n} \\ a_{21} & a_{22} & \cdots & a_{2n} \\ \vdots & \vdots & & \vdots \\ a_{m1} & a_{m2} & \cdots & a_{mn} \end{bmatrix} \qquad X=\begin{bmatrix} x_1 \\ x_2 \\ \vdots \\ x_n \end{bmatrix}$$

求 AX。

解

$$AX=\begin{bmatrix} a_{11} & a_{12} & \cdots & a_{1n} \\ a_{21} & a_{22} & \cdots & a_{2n} \\ \vdots & \vdots & & \vdots \\ a_{m1} & a_{m2} & \cdots & a_{mn} \end{bmatrix}\begin{bmatrix} x_1 \\ x_2 \\ \vdots \\ x_n \end{bmatrix}=\begin{bmatrix} a_{11}x_1+a_{12}x_2+\cdots+a_{1n}x_n \\ a_{21}x_1+a_{22}x_2+\cdots+a_{2n}x_n \\ \vdots \\ a_{m1}x_1+a_{m2}x_2+\cdots+a_{mn}x_n \end{bmatrix}$$

如果令

$$B=\begin{bmatrix} b_1 \\ b_2 \\ \vdots \\ b_m \end{bmatrix}$$

则含 n 个未知数 m 个方程的线性方程组

$$\begin{cases} a_{11}x_1+a_{12}x_2+\cdots+a_{1n}x_n=b_1 \\ a_{21}x_1+a_{22}x_2+\cdots+a_{2n}x_n=b_2 \\ \cdots\cdots\cdots\cdots\cdots\cdots\cdots\cdots \\ a_{m1}x_1+a_{m2}x_2+\cdots+a_{mn}x_n=b_m \end{cases}$$

可以用矩阵的形式表示为

$$AX=B$$

称为线性方程组的矩阵表示。

矩阵乘法的基本性质：

矩阵的乘法满足结合律和乘法关于加法的分配律，即

$$(AB)C=A(BC);$$

$$(A+B)C=AC+BC;$$

$$C(A+B)=CA+CB。$$

我们只证明结合律。至于分配律，证明留给读者。

证　因为等式 $(AB)C=A(BC)$ 左边是有意义的，所以矩阵 A,B,C 之间的行数和列数就应满足一定的条件。可设 $A=(a_{ij})_{m\times n}$，$B=(b_{jk})_{n\times p}$，$C=(c_{kt})_{p\times q}$，这里 $i=1,2,\cdots,m$；$j=1,2,\cdots,n$；$k=1,2,\cdots,p$；$t=1,2,\cdots,q$。这时，不难知道此等式右边也有意义。

假设 $AB=(d_{ik})$，$BC=(e_{jt})$，则

$$d_{ik}=\sum_{j=1}^{n}a_{ij}b_{jk},\quad i=1,2,\cdots,m;k=1,2,\cdots,p。$$

$$e_{jt}=\sum_{k=1}^{p}b_{jk}c_{kt},\quad j=1,2,\cdots,n;t=1,2,\cdots,q。$$

又假设 $(AB)C=(f_{it})$，$A(BC)=(g_{it})$，则

$$f_{it}=\sum_{k=1}^{p}d_{ik}c_{kt}=\sum_{k=1}^{p}\left(\sum_{j=1}^{n}a_{ij}b_{jk}\right)c_{kt}=\sum_{k=1}^{p}\sum_{j=1}^{n}a_{ij}b_{jk}c_{kt}$$

$$g_{it}=\sum_{j=1}^{n}a_{ij}e_{jt}=\sum_{j=1}^{n}\left(\sum_{k=1}^{p}b_{jk}c_{kt}\right)a_{ij}=\sum_{j=1}^{n}\sum_{k=1}^{p}a_{ij}b_{jk}c_{kt}$$

比较上面两式的右端，由二重和式的可交换性，知道它们相等，故

$$f_{it}=g_{it}$$

即

$$(AB)C=A(BC)$$

例如

设 $A=\begin{bmatrix}1 & 0 & -1\\3 & 2 & 1\end{bmatrix},B=\begin{bmatrix}-1 & 2 & 0\\0 & 1 & -1\\3 & -2 & 0\end{bmatrix},C=\begin{bmatrix}-3\\-1\\5\end{bmatrix}$

这里有

$$AB=\begin{bmatrix}-4 & 4 & 0\\0 & 6 & -2\end{bmatrix},(AB)C=\begin{bmatrix}8\\-16\end{bmatrix}$$

$$BC=\begin{bmatrix}1\\-6\\-7\end{bmatrix},A(BC)=\begin{bmatrix}8\\-16\end{bmatrix}$$

故

$$(AB)C=A(BC)$$

应注意到，在上面的分配律中，我们给出了两个等式。一个是左乘的情况，一个是右乘的情况。这一点与数的乘法不同，原因是数的乘法满足交换律，而矩阵的乘法不满足交换律。

关于矩阵的乘法不满足交换律是比较显然的。首先我们知道矩阵 A、B 的乘积 AB 有意义时，BA 不一定也有意义。

例如，设

$$A=\begin{bmatrix}1 & 2\\3 & -1\\0 & 4\end{bmatrix},B=\begin{bmatrix}2 & 3\\4 & 1\end{bmatrix}$$

这时 AB 有意义，而 BA 就没有意义。

其次，即使 AB 与 BA 都有意义，它们也不一定相等。

例如

$$A=\begin{bmatrix}-1 & 2 & 1\\0 & -1 & 2\end{bmatrix},B=\begin{bmatrix}1 & 1\\0 & -2\\3 & 4\end{bmatrix}$$

这时 AB 是二阶方阵，BA 是三阶方阵，根本谈不上什么相等，再退一步，即使 A，B 都是 n 阶方阵，这时 AB 与 BA 虽然都是 n 阶方阵，它们也不一定相等。

由于矩阵的乘法不满足交换律，A、B 相乘时，因子的顺序一般不能颠倒，所以在用 A 乘 B 时，就必须说明 A 是左乘 B 还是右乘 B。

矩阵的乘法与数的乘法还有一点不同。两个数相乘结果为零，则其中至少要有一个因子为零（这正是用因式分解法解方程的理论根据），但这个结论对矩阵不成立。即若 $AB=O$ 时，可能 $A\neq O$，$B\neq O$，这时我们又称 A 为 B 的左零因子，B 为 A 的右零因子。

例如，矩阵

$$A=\begin{bmatrix}1&1\\-1&-1\end{bmatrix},B=\begin{bmatrix}-1&1\\1&-1\end{bmatrix}$$

它们都不是零矩阵，但有

$$AB=\begin{bmatrix}1&1\\-1&-1\end{bmatrix}\begin{bmatrix}-1&1\\1&-1\end{bmatrix}=O$$

即这里的 A,B 都是零因子。由于矩阵的乘法有这种特点，从而可以推出矩阵消去律不成立。即当 $AC=BC$，且 $C\neq O$ 时，不一定有 $A=B$，也即矩阵的乘法没有消去律。

4. 方阵的幂

如果 A 是 n 阶方阵，那么，AA 有定义，m 个 A 连乘也有意义，因此有下述定义：

定义 7　设 A 是 n 阶方阵，m 是正整数，m 个 A 相乘称为 A 的 m 次幂，记为 A^m

即

$$A^m=AA\cdots A(m\text{ 个 }A)$$

另外还规定

$$A^0=E$$

关于方阵的幂运算，有下列规律：

(1)设 A 为方阵，k,l 为正整数，则

$$A^kA^l=A^{(k+l)},(A^k)^l=A^{kl}$$

(2)设 A 为 n 阶方阵，m 是正整数，k 是实数，则

$$|A^m|=|A|^m$$

例如，

$$A=\begin{bmatrix}1&2\\1&0\end{bmatrix},\text{则 }A^2=\begin{bmatrix}3&2\\1&2\end{bmatrix},|A^2|=4=|A|^2$$

由于矩阵的乘法不满足交换律，故 $(AB)^k$ 一般不等于 A^kB^k。

例 5　计算

$$\begin{bmatrix}1&0\\\lambda&1\end{bmatrix}^n$$

解　设

$$\begin{bmatrix}1&0\\\lambda&1\end{bmatrix}=\begin{bmatrix}1&0\\0&1\end{bmatrix}+\begin{bmatrix}0&0\\\lambda&0\end{bmatrix}=E+B$$

其中

$$B=\begin{bmatrix}0 & 0\\ \lambda & 0\end{bmatrix}$$

$$B^2=\begin{bmatrix}0 & 0\\ \lambda & 0\end{bmatrix}\begin{bmatrix}0 & 0\\ \lambda & 0\end{bmatrix}=\begin{bmatrix}0 & 0\\ 0 & 0\end{bmatrix}$$

由此可知，当 $n\geqslant 2$ 时

$$B^n=\begin{bmatrix}0 & 0\\ \lambda & 0\end{bmatrix}^n=\begin{bmatrix}0 & 0\\ 0 & 0\end{bmatrix}$$

且

$$EB=\begin{bmatrix}1 & 0\\ 0 & 1\end{bmatrix}\begin{bmatrix}0 & 0\\ \lambda & 0\end{bmatrix}=\begin{bmatrix}0 & 0\\ \lambda & 0\end{bmatrix}\begin{bmatrix}1 & 0\\ 0 & 1\end{bmatrix}=BE$$

即 E 与 B 可交换，所以可以用二项式定理展开，得

$$\begin{aligned}A^n &=(E+B)^n=E^n+nEB+\cdots=E+nB\\ &=\begin{bmatrix}1 & 0\\ 0 & 1\end{bmatrix}+\begin{bmatrix}0 & 0\\ n\lambda & 0\end{bmatrix}=\begin{bmatrix}1 & 0\\ n\lambda & 1\end{bmatrix}\end{aligned}$$

5. 矩阵的转置

定义 8 把矩阵 $A=(a_{ij})_{m\times n}$ 的行、列互换得 $(a_{ji})_{n\times m}$ 矩阵，称为 A 的转置矩阵，记为 A^T。

即

$$A^T=(a_{ji})_{n\times m}$$

求一个矩阵的转置矩阵也可以看作矩阵的一种运算，它有下面的运算规律：

设 $A,B,C,A_1,A_2,\cdots,A_k$ 是矩阵，且它们的行数与列数使相应的运算有定义，k 是数，则

(1) $(A^T)^T=A$；

(2) $(B+C)^T=B^T+C^T$；

(3) $(kA)^T=kA^T$；

(4) $(AB)^T=B^TA^T$；$(A_1A_2\cdots A_k)^T=A_k^T\cdots A_2^TA_1^T$；

(5) 若 A 为 n 阶矩阵，则 $(A^m)^T=(A^T)^m$，m 为正整数。

(6) A 为对称矩阵的充要条件是 $A^T=A$；

A 为反对称矩阵的充要条件是 $A^T=-A$。

例 6 设

$$A=\begin{bmatrix}1 & 1 & 0\\ -1 & 2 & 3\\ 0 & 3 & 2\end{bmatrix},B=\begin{bmatrix}1 & 2\\ 3 & 2\\ 1 & -1\end{bmatrix}$$

计算 $(AB)^T$，B^TA^T。

$$AB=\begin{bmatrix}1&1&0\\-1&2&3\\0&3&2\end{bmatrix}\begin{bmatrix}1&2\\3&2\\1&-1\end{bmatrix}=\begin{bmatrix}4&4\\8&-1\\11&4\end{bmatrix}$$

$$(AB)^T=\begin{bmatrix}4&8&11\\4&-1&4\end{bmatrix}$$

$$B^T=\begin{bmatrix}1&3&1\\2&2&-1\end{bmatrix}\quad A^T=\begin{bmatrix}1&-1&0\\1&2&3\\0&3&2\end{bmatrix}$$

$$B^TA^T=\begin{bmatrix}1&3&1\\2&2&-1\end{bmatrix}\begin{bmatrix}1&-1&0\\1&2&3\\0&3&2\end{bmatrix}=\begin{bmatrix}4&8&11\\4&-1&4\end{bmatrix}=(AB)^T$$

6. *n* 阶方阵的行列式

为了进一步讨论矩阵的性质，我们还需要引入 n 阶方阵的行列式的概念。

定义 9　设 n 阶方阵 $A=(a_{ij})$，则称对应的行列式为方阵 A 的行列式，记为 $\det A$，或 $|A|$。

关于方阵的行列式有下面重要的定理：

定理　设 A,B 是任意两个 n 阶方阵，则有 $\det(AB)=\det A\det B$。此定理又称方阵行列式定理。

由此定理可知：两个同阶方阵相乘的行列式等于这两个方阵的行列式相乘。

例 7　设

$$A=\begin{bmatrix}1&2\\-1&3\end{bmatrix},B=\begin{bmatrix}3&1\\-2&4\end{bmatrix}$$

验证 $\det(AB)=\det A\det B$

解

$$AB=\begin{bmatrix}1&2\\-1&3\end{bmatrix}\begin{bmatrix}3&1\\-2&4\end{bmatrix}=\begin{bmatrix}-1&9\\-9&11\end{bmatrix}$$

所以

$$\det(AB)=\begin{vmatrix}-1&9\\-9&11\end{vmatrix}=70$$

又因为

$$\det A=\begin{vmatrix}1&2\\-1&3\end{vmatrix}=5,\det B=\begin{vmatrix}3&1\\-2&4\end{vmatrix}=14,$$

所以

$$\det(AB)=\det A\det B$$

例 8　设

$$A=\begin{bmatrix}2&3&4\\0&1&2\\0&0&-3\end{bmatrix}\quad B=\begin{bmatrix}1&10&-5\\0&2&3\\0&0&4\end{bmatrix}$$

求 $\det(AB)$，$\det(A+B)$，$\det A+\det B$，$\det(3A)$。

解　$\det(AB)=\det A\det B=-6\times8=-48$

$$\det(A+B)=\begin{vmatrix}3&13&-1\\0&3&5\\0&0&1\end{vmatrix}=9$$

$$\det A+\det B=-6+8=2$$

$$\det(3A)=\begin{vmatrix}6&9&12\\0&3&6\\0&0&-9\end{vmatrix}=-162$$

由例 8 可以看出，一般地

(1)$\det(A+B)\neq\det A+\det B$；

(2)$\det(kA)\neq k\det A$，而有 $\det(kA)=k^n\det A$（A 为 n 阶方阵）（留给读者自行证明）。这两点在行列式的计算和证明时，容易出现错误，应引起重视。

例 9　设 A 是 n 阶方阵，且满足 $A^TA=E$，$\det A=-1$，

证明　$\det(E+A)=0$。

证　利用已知条件，因为

$$(E+A)A^T=A^T+AA^T=A^T+E=E+A^T=(E+A)^T$$

所以

$$\begin{aligned}\det(E+A)&=\det(E+A)^T=\det[(E+A)A^T]\\&=\det(E+A)\det A^T=-\det(E+A)\end{aligned}$$

因此

$$\det(E+A)=0$$

第二节　逆矩阵

含 n 个未知数 n 个方程的线性方程组

$$\begin{cases}a_{11}x_1+a_{12}x_2+\cdots+a_{1n}x_n=b_1\\a_{21}x_1+a_{22}x_2+\cdots+a_{2n}x_n=b_2\\\cdots\cdots\cdots\cdots\cdots\cdots\cdots\cdots\cdots\cdots\\a_{n1}x_1+a_{n2}x_2+\cdots+a_{nn}x_n=b_n\end{cases}\tag{1}$$

可以用矩阵的形式表示为

$$AX=B \tag{2}$$

等式(2)的左端是两矩阵的乘积，我们设想：矩阵的乘法是否也有逆运算呢？等式两端能否同除矩阵 A 计算出 X？其实这是求矩阵的逆矩阵的问题，现在就来讨论这个问题。

一、逆矩阵的概念

定义 1　设 A 为 n 阶方阵，如果存在 n 阶方阵 B，使得

$$AB=BA=E$$

则称方阵 A 是可逆的，并把方阵 B 称为 A 的逆矩阵（简称为 A 的逆阵，或 A 的逆）。

逆矩阵的性质

由定义可直接证明可逆矩阵具有下列性质：

性质 1　若 A 可逆，则 A 的逆是唯一的。

证　假设 B_1,B_2 都是 A 的逆矩阵，有

$$AB_1=B_1A=E, AB_2=B_2A=E$$

则

$$B_1=B_1E=B_1(AB_2)=(B_1A)B_2=EB_2=B_2$$

故 A 的逆矩阵唯一。

一般地，A 的逆矩阵记为 A^{-1}，即若 $AB=BA=E$，则 $B=A^{-1}$

于是，若矩阵 A 是可逆矩阵，则存在矩阵 A^{-1}，满足

$$AA^{-1}=A^{-1}A=E$$

例如，二阶方阵 $A=\begin{bmatrix}3 & 7\\ 2 & 5\end{bmatrix}$，由于存在一个二阶方阵 $B=\begin{bmatrix}5 & -7\\ -2 & 3\end{bmatrix}$使得

$$\begin{bmatrix}3 & 7\\ 2 & 5\end{bmatrix}\begin{bmatrix}5 & -7\\ -2 & 3\end{bmatrix}=\begin{bmatrix}5 & -7\\ -2 & 3\end{bmatrix}\begin{bmatrix}3 & 7\\ 2 & 5\end{bmatrix}=\begin{bmatrix}1 & 0\\ 0 & 1\end{bmatrix}$$

故 A 可逆，A 的逆矩阵 $A^{-1}=B$。

性质 2　若 A 可逆，则 A^{-1} 也可逆，并且 $(A^{-1})^{-1}=A$。

性质 3　若 n 阶方阵 A 和 B 均可逆，则 AB 也可逆，并且

$$(AB)^{-1}=B^{-1}A^{-1}$$

证　因为

$$(AB)(B^{-1}A^{-1})=A(BB^{-1})A^{-1}=AEA^{-1}=AA^{-1}=E$$

$$(B^{-1}A^{-1})(AB)=B^{-1}(A^{-1}A)B=B^{-1}EB=B^{-1}B=E$$

由定义知 AB 可逆，且 $(AB)^{-1}=B^{-1}A^{-1}$。

性质 3 可推广到有限个 n 阶可逆矩阵相乘的情形。

性质 4　若 A 可逆,则 A^T 也可逆,并且 $(A^T)^{-1}=(A^{-1})^T$。

性质 5　若 A 可逆,则 $\det(A^{-1})=(\det A)^{-1}$,或 $|A^{-1}|=\dfrac{1}{|A|}$

单位矩阵是可逆的,且 $E^{-1}=E$,零矩阵不可逆。

二、逆矩阵的求法

当矩阵 A 满足什么条件时,A 是可逆的?而当 A 可逆时,如何求 A 的逆矩阵?

定理 1　如果矩阵 A 是可逆矩阵,则有 $\det A\neq 0$。

证　因为 A 可逆,即有 A^{-1} 存在,使 $AA^{-1}=E$,
所以

$$\det(AA^{-1})=\det A\det(A^{-1})=\det E=1$$

所以 $\det A\neq 0$。

由定理 1 知,A 是可逆矩阵的必要条件是 $\det A\neq 0$,那么,这个条件是不是充分呢?也就是如果 $\det A\neq 0$,是不是一定有逆矩阵?为此可以先粗略地分析一下,若 A 有逆矩阵 A^{-1},这个逆矩阵大概是什么样子。因为 $AA^{-1}=E$,这就首先要求这个矩阵与 A 的乘积除了主对角线上的元素外,其余的元素都是零。联想到行列式展开定理,行列式的某一行的元素与它们对应的代数余子式的乘积之和等于这个行列式,与另外一行对应元素的代数余子式的乘积之和等于零。因此我们先"设计"出一个矩阵。

定义 2　把一个 n 阶方阵 A 的每一个元素 a_{ij} 都换成自己的代数余子式 A_{ij} $(i、j=1,2,\cdots,n)$ 再加以转置所构成的矩阵 A^* 叫做 A 的伴随矩阵。就是说,若

$$A=\begin{bmatrix} a_{11} & a_{12} & \cdots & a_{1n} \\ a_{21} & a_{22} & \cdots & a_{2n} \\ \vdots & \vdots & & \vdots \\ a_{n1} & a_{n2} & \cdots & a_{nn} \end{bmatrix}$$

则

$$A^*=\begin{bmatrix} A_{11} & A_{21} & \cdots & A_{n1} \\ A_{12} & A_{22} & \cdots & A_{n2} \\ \vdots & \vdots & & \vdots \\ A_{1n} & A_{2n} & \cdots & A_{nn} \end{bmatrix}$$

这里 A_{ij} 是 a_{ij} 在行列式 $|A|$ 里的代数余子式数。

由前面的分析,看来 A 的逆矩阵可能与 A^* 有关,现在我们考虑乘积 AA^*,

由前面提到的行列式展开定理，即

$$a_{i1}A_{j1}+a_{i2}A_{j2}+\cdots+a_{in}A_{jn}=\begin{cases}|A|, & i=j\\ 0, & i\neq j\end{cases}$$

可得

$$AA^*=\begin{bmatrix}|A| & 0 & \cdots & 0\\ 0 & |A| & \cdots & 0\\ \vdots & \vdots & & \vdots\\ 0 & 0 & \cdots & |A|\end{bmatrix}$$

若方阵 A 的行列式 $|A|=\det A\neq0$，故可在上式两边同乘 $1/|A|$ 而得出

$$A\left(\frac{1}{|A|}A^*\right)=E$$

又考虑 A^*A，同样可得

$$\left(\frac{1}{|A|}A^*\right)A=E$$

所以 $\frac{1}{|A|}A^*$ 就是 A 的逆矩阵。由此可得下述结论：

结论一　n 阶方阵 A 可逆的充分必要条件是 $\det A\neq0$，且

$$A^{-1}=\frac{1}{|A|}\cdot A^*$$

运用上述结论求逆矩阵的方法，叫伴随矩阵法。

例 1　求矩阵

$$A=\begin{bmatrix}1 & 2 & -1\\ 3 & 1 & 0\\ -1 & 0 & -2\end{bmatrix}$$

的逆矩阵。

解　因为 $\det A=9$，所以方阵 A 有逆矩阵。

$|A|$ 的各元素的代数余子式是

$$A_{11}=-2, A_{12}=6, A_{13}=1, A_{21}=4, A_{22}=-3$$
$$A_{23}=-2, A_{31}=1, A_{32}=-3, A_{33}=-5$$

于是它的伴随矩阵为

$$A^*=\begin{bmatrix}-2 & 4 & 1\\ 6 & -3 & -3\\ 1 & -2 & -5\end{bmatrix}$$

所以

$$A^{-1}=\frac{1}{9}\begin{bmatrix}-2&4&1\\6&-3&-3\\1&-2&-5\end{bmatrix}=\begin{bmatrix}-\frac{2}{9}&\frac{4}{9}&\frac{1}{9}\\\frac{2}{3}&-\frac{1}{3}&-\frac{1}{3}\\\frac{1}{9}&-\frac{2}{9}&-\frac{5}{9}\end{bmatrix}$$

可以根据逆矩阵的定义，验证上述计算的结果是正确的。

最后，再回到上面提到的 n 个未知量 n 个方程的线性方程组，当它用矩阵方程表示时，是

$$AX=B$$

若 $|A|\neq 0$，则 A 为满秩方阵，它有逆矩阵 A^{-1}，故

$$X=A^{-1}B=\frac{1}{|A|}\begin{bmatrix}A_{11}&A_{21}&\cdots&A_{n1}\\A_{12}&A_{22}&\cdots&A_{n2}\\\vdots&\vdots&&\vdots\\A_{1n}&A_{2n}&\cdots&A_{nn}\end{bmatrix}\begin{bmatrix}b_1\\b_2\\\vdots\\b_n\end{bmatrix}=\begin{bmatrix}\frac{D_1}{|A|}\\\frac{D_2}{|A|}\\\vdots\\\frac{D_n}{|A|}\end{bmatrix}$$

这里 $D_j(j=1,2\cdots,n)$ 是把 $|A|$ 的第 j 列的元素依次换成常数项所得的行列式，不难看出，这个结果就是克莱姆规则。

结论一不仅给出了判断一个矩阵是否可逆的方法，并且还给出了求逆矩阵的一种方法——伴随矩阵法。下面给出判别一个矩阵是否可逆的更简单的方法。

定理 2 设 A 与 B 都是 n 阶方阵，若 $AB=E$（或 $BA=E$），则 A 与 B 均可逆，并且 $A^{-1}=B$，$B^{-1}=A$。

证 由 $AB=E$ 得

$$\det(AB)=\det A\det B=\det E=1$$

所以

$$\det A\neq 0，即 A 可逆。$$

又

$$B=EB=(A^{-1}A)B=A^{-1}(AB)=A^{-1}E=A^{-1}$$

同理可得

$$B^{-1}=A$$

此定理说明，要验证方阵 B 是否是 A 的逆矩阵，只要验证 $AB=E$ 或 $BA=E$ 中的一个式子成立即可，这比直接用定义去判断要节省一半的计算量。

例 2　解矩阵方程

$$X\begin{bmatrix}1 & 3\\5 & 2\end{bmatrix}=\begin{bmatrix}0 & 1\\1 & 0\end{bmatrix}$$

解　设 $A=\begin{bmatrix}1 & 3\\5 & 2\end{bmatrix},B=\begin{bmatrix}0 & 1\\1 & 0\end{bmatrix}$

则

$$XA=B$$

$$\det A=\begin{vmatrix}1 & 3\\5 & 2\end{vmatrix}=-13,A^*=\begin{bmatrix}2 & -3\\-5 & 1\end{bmatrix}$$

$$A^{-1}=\frac{1}{\det A}A^*=-\frac{1}{13}\begin{bmatrix}2 & -3\\-5 & 1\end{bmatrix}=\begin{bmatrix}-\frac{2}{13} & \frac{3}{13}\\\frac{5}{13} & -\frac{1}{13}\end{bmatrix}$$

则

$$X=BA^{-1}=\begin{bmatrix}\frac{5}{13} & -\frac{1}{13}\\-\frac{2}{13} & \frac{3}{13}\end{bmatrix}$$

例 3　设

$$A=\begin{bmatrix}a & 0 & 0\\0 & b & 0\\0 & 0 & c\end{bmatrix}$$

问 A 是否可逆？若 A 可逆，求 A^{-1}。

解　因为 $\det A=abc$，所以当 $abc\neq0$ 时，A 可逆。

此时　$A^*=\begin{bmatrix}bc & 0 & 0\\0 & ac & 0\\0 & 0 & ab\end{bmatrix}$，所以 $A^{-1}=\begin{bmatrix}a^{-1} & 0 & 0\\0 & b^{-1} & 0\\0 & 0 & c^{-1}\end{bmatrix}$

例 4　用逆矩阵求线性方程组的解

$$\begin{cases}x_1-x_2-x_3=2\\2x_1-x_2-3x_3=1\\3x_1+2x_2-5x_3=0\end{cases}$$

解　设

$$A=\begin{bmatrix}1 & -1 & -1\\2 & -1 & -3\\3 & 2 & -5\end{bmatrix},X=\begin{bmatrix}x_1\\x_2\\x_3\end{bmatrix},B=\begin{bmatrix}2\\1\\0\end{bmatrix}$$

此线性方程组可写为矩阵方程

$$AX=B$$

从而

$$\det A=\begin{vmatrix}1 & -1 & -1\\2 & -1 & -3\\3 & 2 & -5\end{vmatrix}=3, A^*=\begin{bmatrix}11 & -7 & 2\\1 & -2 & 1\\7 & -5 & 1\end{bmatrix}$$

所以

$$A^{-1}=\frac{1}{\det A}A^*=\begin{bmatrix}\frac{11}{3} & -\frac{7}{3} & \frac{2}{3}\\\frac{1}{3} & -\frac{2}{3} & \frac{1}{3}\\\frac{7}{3} & -\frac{5}{3} & \frac{1}{3}\end{bmatrix}$$

于是

$$X=A^{-1}B=\begin{bmatrix}\frac{11}{3} & -\frac{7}{3} & \frac{2}{3}\\\frac{1}{3} & -\frac{2}{3} & \frac{1}{3}\\\frac{7}{3} & -\frac{5}{3} & \frac{1}{3}\end{bmatrix}\begin{bmatrix}2\\1\\0\end{bmatrix}=\begin{bmatrix}5\\0\\3\end{bmatrix}$$

即线性方程组的解为

$$x_1=5, x_2=0, x_3=3$$

第三节 矩阵的初等变换、初等方阵

在这一节介绍一种矩阵的初等变换，它在矩阵理论以及第三章求解线性方程组中有着重要的作用。

一、矩阵的初等变换

在中学我们学习过，用高斯消元法解线性方程组时，经常要反复进行以下三种变换：

(1)将两个方程位置互换。

(2)将一个方程两边乘一个非零常数 k。

(3)将一个方程两边乘一个非零常数 k 加至另一个方程上去。

这三种变换称为方程组的初等变换，而且线性方程组经过初等变换后其解不变。

如果从矩阵的角度来看方程组的初等变换，就有矩阵的初等行变换的概念。

定义 1　矩阵的初等行变换是指：

(1)互换矩阵 i,j 两行的位置，记作 $r_i \leftrightarrow r_j$。

(2)用一个非零常数 k 乘矩阵的第 i 行，记作 kr_i。

(3)将矩阵第 i 行各元素乘一个常数 k 加到第 j 行对应元素上去，记作 $kr_i + r_j$。

分别称以上三种变换为互换变换、倍法变换、消去变换。

如果把定义 1 中对矩阵进行“行”的变换，改为对“列”的三种变换，则称为矩阵的初等列变换。矩阵的初等行变换和初等列变换统称为初等变换，下面我们主要介绍矩阵的初等行变换。

二、初等方阵

定义 2　对单位矩阵 E 进行一次初等变换所得到的矩阵，称为初等方阵。对应于三种初等行变换，有三种类型的初等方阵。

1. 初等互换方阵

$$P_{ij} = \begin{bmatrix} 1 & & & & & & & & & \\ & \ddots & & & & & & & & \\ & & 1 & & & & & & & \\ & & & 0 & \cdots & \cdots & \cdots & 1 & & \\ & & & \vdots & 1 & & & \vdots & & \\ & & & \vdots & & \ddots & & \vdots & & \\ & & & \vdots & & & 1 & \vdots & & \\ & & & 1 & \cdots & \cdots & \cdots & 0 & & \\ & & & & & & & & 1 & \\ & & & & & & & & & \ddots \\ & & & & & & & & & & 1 \end{bmatrix} \begin{matrix} \\ \\ \\ \text{第 } i \text{ 行} \\ \\ \\ \\ \text{第 } j \text{ 行} \\ \\ \\ \\ \end{matrix}$$

P_{ij} 是由单位方阵 E 第 i,j 两行互换而得到的。

2. 初等倍法方阵

$$P_{i(k)} = \begin{bmatrix} 1 & & & & & & \\ & \ddots & & & & & \\ & & 1 & & & & \\ & & & k & \cdots & \cdots & \cdots \\ & & & & 1 & & \\ & & & & & \ddots & \\ & & & & & & 1 \end{bmatrix} \begin{matrix} \\ \\ \\ \text{第 } i \text{ 行} \\ \\ \\ \\ \end{matrix}$$

其中 $k \neq 0$，$P_{i(k)}$ 是由单位方阵 E 第 i 行乘 k 而得到的。

3. 初等消去变换方阵

$$P_{ij(k)}=\begin{bmatrix}1 & & & & & & \\ & \ddots & & & & & \\ & & 1 & \cdots & k & & \\ & & \vdots & \ddots & \vdots & & \\ & & 0 & \cdots & 1 & & \\ & & & & & \ddots & \\ & & & & & & 1\end{bmatrix}\begin{matrix} \\ \\ 第\,i\,行 \\ \\ 第\,j\,行 \\ \\ \\ \end{matrix}$$

$P_{ij(k)}$是由单位方阵 E 第 j 行乘 k 加到第 i 行而得到的。

易证 $\det P_{ij}=-1$，$\det P_{i(k)}=k$，$\det P_{ij(k)}=1$，故 P_{ij}，$P_{j(k)}$，$P_{ij(k)}$ 都是可逆矩阵，即初等方阵都是可逆的。它们的逆矩阵分别为

$$P_{ij}^{-1},P_{i(k)}^{-1},P_{ij(k)}^{-1}$$

易知 P_{ij}^{-1}，$P_{i(k)}^{-1}$，$P_{ij(k)}^{-1}$都是初等方阵，即初等方阵的逆矩阵还是初等方阵。

可以证明，对 $m\times n$ 矩阵 A 进行一次初等行(列)变换相当于 A 左(右)乘相应的 m 阶(n 阶)初等方阵，即

若 $A\xrightarrow{r_i\leftrightarrow r_j}A_1$，则 $A_1=P_{ij}A$，列变换亦然；

$A\xrightarrow{kr_i}A_2$，则 $A_2=P_{i(k)}A$，列变换亦然；

$A\xrightarrow{kr_j+r_i}A_3$，则 $A_3=P_{ij(k)}A$，列变换亦然。

有了初等变换和初等矩阵的概念，就可以给出求逆矩阵的另一种较为方便方法。

三、运用初等行变换求逆矩阵

定理 1 任意一个矩阵 $A=(a_{ij})_{m\times n}$经过若干次初等变换，可以化为如下形式的矩阵 D

$$D=\begin{bmatrix}1 & & & & & & \\ & 1 & & & & & \\ & & \ddots & & & & \\ & & & 1 & \cdots & \cdots & \cdots \\ & & & & 0 & & \\ & & & & & \ddots & \\ & & & & & & 0\end{bmatrix}\begin{matrix} \\ \\ \\ 第\,r\,行 \\ \\ \\ \\ \end{matrix}$$

$$=\begin{bmatrix}E_r & O \\ O & O\end{bmatrix}$$

其中 E_r 是 r 阶单位方阵。

证　如果所有 $a_{ij}=0(i=1,2,\cdots,m;j=1,2,\cdots,n)$，那么 A 就是 D 的形式，此时 $r=0$。

如果 a_{ij} 中至少有一个不为零，不妨假设 $a_{11}\neq 0$（如果 $a_{11}=0$，可以对 A 进行行或列的互换位置，使左上角元不为零），用 $-a_{i1}/a_{11}$ 乘第一行加到第 i 行上（$i=2,3,\cdots,m$），然后用 $-a_{1j}/a_{11}$ 乘所得到矩阵的第 1 列加到第 j 列上（$j=2,3,\cdots,n$），再用 $1/a_{11}$ 乘第 1 行，于是矩阵 A 化为

$$A_1=\begin{bmatrix}1 & 0 & \cdots & 0\\ 0 & a'_{22} & \cdots & a'_{2n}\\ \vdots & \vdots & & \vdots\\ 0 & a'_{m2} & \cdots & a'_{mn}\end{bmatrix}=\begin{bmatrix}1 & O\\ O & B_1\end{bmatrix}$$

其中 B_1 是 $(m-1)\times(n-1)$ 矩阵。

如果 $B_1=O$，那么 A 化为 D 的形式；如果 $B\neq O$，那么按上述方法，继续做下去，最后总可以化为 D 的形式。

由于对 A 进行初等变换化成了矩阵 D，相当于有初等矩阵 $P_1,P_2,\cdots,P_s,G_1,G_2,\cdots,G_t$，满足

$$P_sP_{s-1}\cdots P_2P_2P_1AG_1G_2\cdots G_{t-1}G_t=D \tag{1}$$

于是有：

推论　任何可逆矩阵都可经过初等行变换将其化为单位矩阵。

例　用初等行变换将矩阵

$$A=\begin{bmatrix}2 & 3 & 1\\ 0 & 1 & 3\\ 1 & 2 & 5\end{bmatrix}$$

化为单位矩阵

解

$$A=\begin{bmatrix}2 & 3 & 1\\ 0 & 1 & 3\\ 1 & 2 & 5\end{bmatrix}\xrightarrow{r_1\leftrightarrow r_3}\begin{bmatrix}1 & 2 & 5\\ 0 & 1 & 3\\ 2 & 3 & 1\end{bmatrix}\xrightarrow{-2r_1+r_3}\begin{bmatrix}1 & 2 & 5\\ 0 & 1 & 3\\ 0 & -1 & -9\end{bmatrix}$$

$$\xrightarrow{r_2+r_3}\begin{bmatrix}1 & 2 & 5\\ 0 & 1 & 3\\ 0 & 0 & -6\end{bmatrix}\xrightarrow{-\frac{1}{6}r_3}\begin{bmatrix}1 & 2 & 5\\ 0 & 1 & 3\\ 0 & 0 & 1\end{bmatrix}\xrightarrow[-5r_3+r_1]{-3r_3+r_2}\begin{bmatrix}1 & 2 & 0\\ 0 & 1 & 0\\ 0 & 0 & 1\end{bmatrix}$$

$$\xrightarrow{-2r_2+r_1}\begin{bmatrix}1 & 0 & 0\\ 0 & 1 & 0\\ 0 & 0 & 1\end{bmatrix}$$

定理 2 若 A 为可逆矩阵，则它的逆矩阵 A^{-1} 等于一组初等矩阵的积。

证 由推论知矩阵 A 可经过初等行变换化为单位矩阵，即存在初等矩阵 $P_1, P_2, \cdots, P_s$，使得

$$(P_s P_{s-1} \cdots P_2 P_1) A = E \tag{2}$$

(2)式两边右乘 A^{-1}，得

$$(P_s P_{s-1} \cdots P_2 P_1) A A^{-1} = E A^{-1}$$

$$(P_s P_{s-1} \cdots P_2 P_1) E = A^{-1} \tag{3}$$

即

$$A^{-1} = P_s P_{s-1} \cdots P_2 P_1$$

比较(2)与(3)式发现，对 A 进行一系列初等行变换转化成 E 时，对 E 进行同样的这一系列初等行变换得到 A^{-1}。由此得到求逆矩阵的另一种方法：

$$(A|E) \xrightarrow{\text{初等行变换}} (E|A^{-1})$$

即在矩阵 A 的右边同时写出与 A 同阶的单位矩阵 E，构成一个 $n \times 2n$ 矩阵 $(A|E)$，然后对 $(A|E)$ 进行初等行变换，当它的左块化成单位矩阵时，它的右块就是 A^{-1}。

例 1 设

$$A = \begin{bmatrix} 1 & 2 & -1 \\ 3 & 4 & -2 \\ 5 & -4 & 1 \end{bmatrix}$$

求 A^{-1}。

解 $$(A|E) = \left[\begin{array}{ccc:ccc} 1 & 2 & -1 & 1 & 0 & 0 \\ 3 & 4 & -2 & 0 & 1 & 0 \\ 5 & -4 & 1 & 0 & 0 & 1 \end{array}\right] \xrightarrow[-5r_1+r_3]{-3r_1+r_2}$$

$$\left[\begin{array}{ccc:ccc} 1 & 2 & -1 & 1 & 0 & 0 \\ 0 & -2 & 1 & -3 & 1 & 0 \\ 0 & -14 & 6 & -5 & 0 & 1 \end{array}\right] \xrightarrow{-7r_2+r_3}$$

$$\left[\begin{array}{ccc:ccc} 1 & 2 & -1 & 1 & 0 & 0 \\ 0 & -2 & 1 & -3 & 1 & 0 \\ 0 & 0 & -1 & 16 & -7 & 1 \end{array}\right] \xrightarrow[-r_3]{-\frac{1}{2}r_2}$$

$$\left[\begin{array}{ccc:ccc} 1 & 2 & -1 & 1 & 0 & 0 \\ 0 & 1 & -\frac{1}{2} & \frac{3}{2} & -\frac{1}{2} & 0 \\ 0 & 0 & 1 & -16 & 7 & -1 \end{array}\right] \xrightarrow[r_3+r_1]{\frac{1}{2}r_3+r_2}$$

$$\begin{bmatrix} 1 & 2 & 0 & \vdots & -15 & 7 & -1 \\ 0 & 1 & 0 & \vdots & -\frac{13}{2} & 3 & -\frac{1}{2} \\ 0 & 0 & 1 & \vdots & -16 & 7 & -1 \end{bmatrix} \xrightarrow{-2r_2+r_1}$$

$$\begin{bmatrix} 1 & 0 & 0 & \vdots & -2 & 1 & 0 \\ 0 & 1 & 0 & \vdots & -\frac{13}{2} & 3 & -\frac{1}{2} \\ 0 & 0 & 1 & \vdots & -16 & 7 & -1 \end{bmatrix} = (E|A^{-1})$$

所以

$$A^{-1} = \begin{bmatrix} -2 & 1 & 0 \\ -\frac{13}{2} & 3 & -\frac{1}{2} \\ -16 & 7 & -1 \end{bmatrix}$$

例 2　设

$$A = \begin{bmatrix} 1 & 2 & 3 & 4 \\ 2 & 3 & 1 & 2 \\ 1 & 1 & 1 & -1 \\ 1 & 0 & -2 & -6 \end{bmatrix}$$

求 A^{-1}。

解

$$(A|E) = \begin{bmatrix} 1 & 2 & 3 & 4 & \vdots & 1 & 0 & 0 & 0 \\ 2 & 3 & 1 & 2 & \vdots & 0 & 1 & 0 & 0 \\ 1 & 1 & 1 & -1 & \vdots & 0 & 0 & 1 & 0 \\ 1 & 0 & -2 & -6 & \vdots & 0 & 0 & 0 & 1 \end{bmatrix} \xrightarrow[\substack{-r_1+r_3 \\ -r_1+r_4}]{-2r_1+r_2}$$

$$\begin{bmatrix} 1 & 2 & 3 & 4 & \vdots & 1 & 0 & 0 & 0 \\ 0 & -1 & -5 & -6 & \vdots & -2 & 1 & 0 & 0 \\ 0 & -1 & -2 & -5 & \vdots & -1 & 0 & 1 & 0 \\ 0 & -2 & -5 & -10 & \vdots & -1 & 0 & 0 & 1 \end{bmatrix} \xrightarrow[-2r_2+r_4]{-r_2+r_3}$$

$$\begin{bmatrix} 1 & 2 & 3 & 4 & \vdots & 1 & 0 & 0 & 0 \\ 0 & -1 & -5 & -6 & \vdots & -2 & 1 & 0 & 0 \\ 0 & 0 & 3 & 1 & \vdots & 1 & -1 & 1 & 0 \\ 0 & 0 & 5 & 2 & \vdots & 3 & -2 & 0 & 1 \end{bmatrix} \xrightarrow{-\frac{5}{3}r_3+r_4}$$

$$\left[\begin{array}{cccc:cccc}1 & 2 & 3 & 4 & 1 & 0 & 0 & 0 \\ 0 & -1 & -5 & -6 & -2 & 1 & 0 & 0 \\ 0 & 0 & 3 & 1 & 1 & -1 & 1 & 0 \\ 0 & 0 & 0 & \frac{1}{3} & \frac{4}{3} & -\frac{1}{3} & -\frac{5}{3} & 1\end{array}\right] \xrightarrow[\substack{\frac{1}{3}r_3 \\ 3r_4}]{-r_2}$$

$$\left[\begin{array}{cccc:cccc}1 & 2 & 3 & 4 & 1 & 0 & 0 & 0 \\ 0 & 1 & 5 & 6 & 2 & -1 & 0 & 0 \\ 0 & 0 & 1 & \frac{1}{3} & \frac{1}{3} & -\frac{1}{3} & \frac{1}{3} & 0 \\ 0 & 0 & 0 & 1 & 4 & -1 & -5 & 3\end{array}\right] \xrightarrow[\substack{-6r_4+r_2 \\ -4r_4+r_1}]{-\frac{1}{3}r_4+r_3}$$

$$\left[\begin{array}{cccc:cccc}1 & 2 & 3 & 0 & -15 & 4 & 20 & -12 \\ 0 & 1 & 5 & 0 & -22 & 5 & 30 & -18 \\ 0 & 0 & 1 & 0 & -1 & 0 & 2 & -1 \\ 0 & 0 & 0 & 1 & 4 & -1 & -5 & 3\end{array}\right] \xrightarrow[-5r_3+r_2]{-3r_3+r_1}$$

$$\left[\begin{array}{cccc:cccc}1 & 2 & 0 & 0 & -12 & 4 & 14 & -9 \\ 0 & 1 & 0 & 0 & -17 & 5 & 20 & -13 \\ 0 & 0 & 1 & 0 & -1 & 0 & 2 & -1 \\ 0 & 0 & 0 & 1 & 4 & -1 & -5 & 3\end{array}\right] \xrightarrow{-2r_2+r_1}$$

$$\left[\begin{array}{cccc:cccc}1 & 0 & 0 & 0 & 22 & -6 & -26 & 17 \\ 0 & 1 & 0 & 0 & -17 & 5 & 20 & -13 \\ 0 & 0 & 1 & 0 & -1 & 0 & 2 & -1 \\ 0 & 0 & 0 & 1 & 4 & -1 & -5 & 3\end{array}\right]$$

所以 $A^{-1}=\begin{bmatrix}22 & -6 & -26 & 17 \\ -17 & 5 & 20 & -13 \\ -1 & 0 & 2 & -1 \\ 4 & -1 & -5 & 3\end{bmatrix}$

第四节 矩阵的秩

如果用矩阵来表示线性方程组,那么线性方程组的解的一些情况,应该由矩阵的特征来决定。反映矩阵特征的是哪些量呢?矩阵的秩就是其中之一,它是一个重要的概念。

一、矩阵秩的概念

为了建立矩阵秩的概念，首先给出矩阵的子式的定义。

定义 1 设 A 是一个 $m\times n$ 矩阵，在 A 中任取 k 行、k 列（$1\leqslant k\leqslant \min\{m,n\}$），位于这些行和列交界处的 k^2 个元素，按它们原来的次序组成一个 k 阶行列式，称为矩阵 A 的一个 k 阶子式。

例 1 设矩阵

$$A=\begin{bmatrix} 3 & 2 & 1 & -1 \\ 0 & 2 & 3 & 0 \\ -3 & 4 & 8 & 1 \end{bmatrix}$$

可以验证所有的三阶子式为

$$\begin{vmatrix} 3 & 1 & -1 \\ 0 & 3 & 0 \\ -3 & 8 & 1 \end{vmatrix},\begin{vmatrix} 3 & 2 & 1 \\ 0 & 2 & 3 \\ -3 & 4 & 8 \end{vmatrix},\begin{vmatrix} 3 & 2 & -1 \\ 0 & 2 & 0 \\ -3 & 4 & 1 \end{vmatrix},\begin{vmatrix} 2 & 1 & -1 \\ 2 & 3 & 0 \\ 4 & 8 & 1 \end{vmatrix}$$

都为零，而二阶子式$\begin{vmatrix} 3 & 2 \\ 0 & 2 \end{vmatrix}\neq 0$，是矩阵 A 中不等于零的子式的最高阶数，我们给它一个专门的名称。

定义 2 若矩阵 $A=(a_{ij})_{m\times n}$中有一个 k 阶子式不为零，而 A 中所有的高于 k 阶的子式（如果存在的话）都为零，则称 k 为矩阵 A 的秩，记为 $r(A)$或 rank(A)。

规定零矩阵的秩为零。在例 1 中，矩阵 A 的秩等于 2，即 $r(A)=2$。

例 2 求矩阵 A 的秩 其中，$A=\begin{bmatrix} 2 & -1 & 5 & 6 \\ 0 & 5 & 8 & 7 \\ 0 & 0 & 4 & -2 \\ 0 & 0 & 0 & 0 \\ 0 & 0 & 0 & 0 \end{bmatrix}$

解 A 的所有四阶子式中至少有一行元素全是零，而三阶子式

$$\begin{vmatrix} 2 & -1 & 5 \\ 0 & 5 & 8 \\ 0 & 0 & 4 \end{vmatrix}=40\neq 0$$

所以 A 的非零子式的最高阶是 3，由定义 2 知 $r(A)=3$。

矩阵的秩有以下性质：

（1）一个矩阵的秩是唯一的；

（2）设 $A=(a_{ij})_{m\times n}$，则 $0\leqslant r(A)\leqslant \min\{m,n\}$；

(3)若矩阵 A 中有一个 k 阶子式不为零，则 $r(A)\geqslant k$；若矩阵 A 中所有的 k 阶子式全为零，则 $r(A)<k$。

(4)在矩阵 A 中，任选 i 行 j 列，位于这 i 行 j 列交叉点上的元素按它们在 A 中的相对位置所构成的矩阵称为 A 的一个子矩阵。若 A_1 是 A 的一个子矩阵，则 $r(A_1)\leqslant r(A)$。

(5)$r(A^T)=r(A)$。

设 $A=(a_{ij})_{m\times n}$，如果 $r(A)=m$ 或 $r(A)=n$，则称 A 为行(列)满秩矩阵，简称满秩矩阵。如果 A 为方阵，则 A 为可逆矩阵与 A 为非奇异矩阵及 A 为满秩矩阵是等价的概念。

用定义 2 求矩阵 A 的秩，对于低阶矩阵还是方便的，但对于高阶矩阵，计算 A 的子式是比较麻烦的，而且计算量较大。下面介绍求矩阵秩的另一种方法。

二、用矩阵的初等行变换求矩阵的秩

定义 3 满足下列条件的矩阵称为阶梯形矩阵：

(1)首非零元(即非零行的第 1 个不为零的元)的列标随着行标的递增而严格增大。

(2)矩阵的零行位于矩阵的最下方(或无零行)。

(3)第一个不为零的元素分布在不同的列。

例如，矩阵

$$A=\begin{bmatrix}2&0&-2&-1&5\\0&-3&2&0&2\\0&0&0&0&-4\\0&0&0&0&0\end{bmatrix},B=\begin{bmatrix}-2&1&0&0\\0&1&2&3\\0&0&1&0\end{bmatrix}$$

都是阶梯形矩阵，而矩阵

$$C=\begin{bmatrix}1&3&5&0\\0&2&-1&4\\0&3&2&0\\0&0&0&0\end{bmatrix},D=\begin{bmatrix}2&4&0\\0&0&0\\0&5&0\end{bmatrix}$$

都不是阶梯形矩阵。

关于阶梯形矩阵有以下性质：

(1)阶梯形矩阵的秩等于它的非零行的行数。

(2)任意一个矩阵 $A=(a_{ij})_{m\times n}$，经过若干次初等行变换都可以化成阶梯形矩阵。

我们还可证明(略)：

(1)初等行变换不改变矩阵的秩。

(2)n 阶可逆矩阵的秩等于 n,反之亦成立,即若一个 n 阶方阵 A 的秩为 n,则 A 必可逆。

由以上性质可得到如下结论:

定理 1　任何矩阵 $A=(a_{ij})_{m\times n}$ 都可以经过一系列初等行变换化为阶梯形矩阵,矩阵 A 的秩等于其相应阶梯形矩阵非零行的行数。

我们只通过例子说明如何用初等行变换化矩阵为阶梯形矩阵,定理不再作一般性证明。

例 3　设矩阵

$$A=\begin{bmatrix}0 & 1 & 2 & -1 & 4\\ 0 & 2 & 4 & 3 & 5\\ 0 & -1 & -2 & 6 & -7\end{bmatrix}$$

用初等行变换化矩阵 A 为阶梯形矩形。

$$A=\begin{bmatrix}0 & 1 & 2 & -1 & 4\\ 0 & 2 & 4 & 3 & 5\\ 0 & -1 & -2 & 6 & -7\end{bmatrix}\xrightarrow[r_1+r_3]{-2r_1+r_2}$$

$$\begin{bmatrix}0 & 1 & 2 & -1 & 4\\ 0 & 0 & 0 & 5 & -3\\ 0 & 0 & 0 & 5 & -3\end{bmatrix}\xrightarrow{-r_2+r_3}\begin{bmatrix}0 & 1 & 2 & -1 & 4\\ 0 & 0 & 0 & 5 & -3\\ 0 & 0 & 0 & 0 & 0\end{bmatrix}=B$$

B 为阶梯形矩阵,非零行的行数为 2。由定理得 $r(A)=2$。

也可以验证,A 所有的三阶子式。

$$\begin{vmatrix}1 & 2 & -1\\ 2 & 4 & 3\\ -1 & -2 & 6\end{vmatrix},\begin{vmatrix}1 & 2 & 4\\ 2 & 4 & 5\\ -1 & -2 & -7\end{vmatrix},\begin{vmatrix}2 & -1 & 4\\ 4 & 3 & 5\\ -2 & 6 & -7\end{vmatrix},\begin{vmatrix}1 & -1 & 4\\ 2 & 3 & 5\\ -1 & 6 & -7\end{vmatrix}$$

均为零,二阶子式 $\begin{vmatrix}2 & -1\\ 4 & 3\end{vmatrix}=10\neq 0$,由定义得 $r(A)=2$。结果是统一的。

由此,我们得到了一个求矩阵秩的方法:只要对矩阵进行初等行变换,使其化为阶梯形矩阵,这个阶梯形矩阵的非零行的行数即为该矩阵的秩。

例 4　用初等变换的方法,求矩阵

$$B=\begin{bmatrix}1 & 2 & -3 & 4 & 0\\ 0 & 1 & 2 & 1 & 1\\ -1 & -1 & 5 & -3 & 1\end{bmatrix}$$

的秩。

$$B=\begin{bmatrix}1 & 2 & -3 & 4 & 0\\0 & 1 & 2 & 1 & 1\\-1 & -1 & 5 & -3 & 1\end{bmatrix}\xrightarrow{r_1+r_3}\begin{bmatrix}1 & 2 & -3 & 4 & 0\\0 & 1 & 2 & 1 & 1\\0 & 1 & 2 & 1 & 1\end{bmatrix}$$

$$\xrightarrow{-r_2+r_3}\begin{bmatrix}1 & 2 & -3 & 4 & 0\\0 & 1 & 2 & 1 & 1\\0 & 0 & 0 & 0 & 0\end{bmatrix}$$

故 $r(B)=2$

例 5 用初等变换的方法,求矩阵

$$A=\begin{bmatrix}1 & 1 & 1 & 0 & 1 & 1 & 2 & 0\\1 & 1 & 1 & 1 & 0 & 1 & 1 & 0\\2 & 2 & 2 & 1 & 1 & 2 & 3 & 1\\3 & 3 & 3 & 2 & 1 & 3 & 4 & 1\end{bmatrix}$$

的秩。

解

$$A=\begin{bmatrix}1 & 1 & 1 & 0 & 1 & 1 & 2 & 0\\1 & 1 & 1 & 1 & 0 & 1 & 1 & 0\\2 & 2 & 2 & 1 & 1 & 2 & 3 & 1\\3 & 3 & 3 & 2 & 1 & 3 & 4 & 1\end{bmatrix}\xrightarrow[\substack{-2r_1+r_3\\-3r_1+r_4}]{-r_1+r_2}$$

$$\begin{bmatrix}1 & 1 & 1 & 0 & 1 & 1 & 2 & 0\\0 & 0 & 0 & 1 & -1 & 0 & -1 & 0\\0 & 0 & 0 & 1 & -1 & 0 & -1 & 1\\0 & 0 & 0 & 2 & -2 & 0 & -2 & 1\end{bmatrix}\xrightarrow[-2r_2+r_4]{-r_2+r_3}$$

$$\begin{bmatrix}1 & 1 & 1 & 0 & 1 & 1 & 2 & 0\\0 & 0 & 0 & 1 & -1 & 0 & -1 & 0\\0 & 0 & 0 & 0 & 0 & 0 & 0 & 1\\0 & 0 & 0 & 0 & 0 & 0 & 0 & 1\end{bmatrix}\xrightarrow{-r_3+r_4}$$

$$\begin{bmatrix}1 & 1 & 1 & 0 & 1 & 1 & 2 & 0\\0 & 0 & 0 & 1 & -1 & 0 & -1 & 0\\0 & 0 & 0 & 0 & 0 & 0 & 0 & 1\\0 & 0 & 0 & 0 & 0 & 0 & 0 & 0\end{bmatrix}$$

故 $r(A)=3$

定理 2 设 A 为 $m\times n$ 矩阵,B 为 m 阶满秩矩阵,C 为 n 阶满秩矩阵,则

$$r(A)=r(BA)=r(AC)$$

证 由矩阵的初等变换知,对于满秩矩阵 B,能够找到初等矩阵 $P_1,P_2,\cdots,P_s$,

使得

$$P_sP_{s-1}\cdots P_2P_1B=E$$

$$B=P_1^{-1}P_2^{-1}\cdots P_{s-1}^{-1}P_s^{-1}$$

且知 $P_i^{-1}(i=1,2,\cdots,s)$也是初等矩阵，于是有

$$BA=P_1^{-1}P_2^{-1}\cdots P_{s-1}^{-1}P_s^{-1}A$$

由上式及本节定理 2 知其秩不变，即 $r(A)=r(BA)$。

同理可得

$$r(A)=r(AC)$$

*第五节　分块矩阵

在处理阶数较高的矩阵的运算时，常在矩阵的某些行与行之间加上横线，某些列与列之间加上竖线，把一个大矩阵看成是由若干个小矩阵组成的。就如矩阵是由数组成的一样。特别在运算中，把这些小矩阵当作数一样来处理，这就是所谓的分块矩阵。

一、分块矩阵的概念

为了说明如何将矩阵分块，举一个例子。

例如

$$A=\begin{bmatrix}2 & -1 & 3 & 4\\ 0 & -2 & 1 & 3\\ 4 & 1 & -3 & 5\end{bmatrix}$$

用一些纵横的虚线将它分成若干个小块，分的方法可以多种多样。

$$A=\left[\begin{array}{ccc:c}2 & -1 & 3 & 4\\ 0 & -2 & 1 & 3\\ \hdashline 4 & 1 & -3 & 5\end{array}\right]=\left[\begin{array}{cc:cc}2 & -1 & 3 & 4\\ 0 & -2 & 1 & 3\\ \hdashline 4 & 1 & -3 & 5\end{array}\right]=\left[\begin{array}{c:ccc}2 & -1 & 3 & 4\\ \hdashline 0 & -2 & 1 & 3\\ \hdashline 4 & 1 & -3 & 5\end{array}\right]$$

将一个矩阵分块以后，就叫做分块矩阵，分块后位于相邻的横线与相邻的竖线之间的元素组成的小的矩阵称为矩阵的一个子块，标记它们的方法与标记矩阵元素的方法类似，例如，对于 4×5 矩阵按图示方法分块

$$A=\left[\begin{array}{cc:ccc}a_{11} & a_{12} & a_{13} & a_{14} & a_{15}\\ \hdashline a_{21} & a_{22} & a_{23} & a_{24} & a_{25}\\ a_{31} & a_{32} & a_{33} & a_{34} & a_{35}\\ \hdashline a_{41} & a_{42} & a_{43} & a_{44} & a_{45}\end{array}\right]$$

并记

$$A_{11}=(a_{11}\quad a_{12}),A_{12}=(a_{13}\quad a_{14}\quad a_{15})$$

$$A_{21}=\begin{bmatrix} a_{21} & a_{22} \\ a_{31} & a_{32} \end{bmatrix}, A_{22}=\begin{bmatrix} a_{23} & a_{24} & a_{25} \\ a_{33} & A_{34} & a_{35} \end{bmatrix},$$

$$A_{31}=\begin{bmatrix} a_{41} & a_{42} \end{bmatrix}, A_{32}=\begin{bmatrix} a_{43} & a_{44} & a_{45} \end{bmatrix}$$

则这时

$$A=\begin{bmatrix} A_{11} & A_{12} \\ A_{21} & A_{22} \\ A_{31} & A_{32} \end{bmatrix}$$

将矩阵分块常可简化运算，更便于看清矩阵间的关系。

如果把分块矩阵的每一个子块当成矩阵的一个元素，可以按矩阵的运算法则建立分块矩阵对应的运算法则。下面讨论分块矩阵的运算。

二、分块矩阵的运算

设 A,B 是两个 $m\times n$ 矩阵，将它们按同样的方法分块：

$$A=\begin{bmatrix} A_{11} & A_{12} & \cdots & A_{1q} \\ A_{21} & A_{22} & \cdots & A_{2q} \\ \vdots & \vdots & & \vdots \\ A_{p1} & A_{p2} & \cdots & A_{pq} \end{bmatrix}=(A_{ij})_{p\times q}$$

$$B=\begin{bmatrix} B_{11} & B_{12} & \cdots & B_{1q} \\ B_{21} & B_{22} & \cdots & B_{2q} \\ \vdots & \vdots & & \vdots \\ B_{p1} & B_{p2} & \cdots & B_{pq} \end{bmatrix}=(B_{ij})_{p\times q}$$

其中 A_{ij} 与 B_{ij} 是同类型的矩阵，$i=1,2\cdots,p,j=1,2\cdots,q$，容易验证

$$A+B=\begin{bmatrix} A_{11}+B_{11} & A_{12}+B_{12} & \cdots & A_{1q}+B_{1q} \\ A_{21}+B_{21} & A_{22}+B_{22} & \cdots & A_{2q}+B_{2q} \\ \vdots & \vdots & & \vdots \\ A_{p1}+B_{p1} & A_{p2}+B_{p2} & \cdots & A_{pq}+B_{pq} \end{bmatrix}\xlongequal{\text{记作}}(A_{ij}+B_{ij})_{p\times q}$$

如果 k 为常数，

$$Ak=\begin{bmatrix} kA_{11} & kA_{12} & \cdots & kA_{1q} \\ kA_{21} & kA_{22} & \cdots & kA_{2q} \\ \vdots & \vdots & & \vdots \\ kA_{p1} & kA_{p2} & \cdots & kA_{pq} \end{bmatrix}\xlongequal{\text{记作}}(kA_{ij})_{p\times q}$$

设 A 为 $m\times p$ 矩阵，B 为 $p\times n$ 矩阵，由矩阵乘法可知，AB 有定义，它是 $m\times n$ 矩阵。如果在对矩阵 A 与矩阵 B 分块时，使 A 的列的分法与 B 的行的分法完全一致，而对 A 的行的分法与 B 的列的分法不做限制，例如

$$A=\begin{bmatrix} A_{11} & A_{12} & \cdots & A_{1s} \\ A_{21} & A_{22} & \cdots & A_{2s} \\ \vdots & \vdots & & \vdots \\ A_{r1} & A_{r2} & \cdots & A_{rs} \end{bmatrix} \begin{matrix} m_1\text{行} \\ m_2\text{行} \\ \vdots \\ m_r\text{行} \end{matrix}$$

$$\begin{matrix} p_1\text{列} & p_2\text{列} & \cdots & p_s\text{列} \end{matrix}$$

其中 $m_1+m_2\cdots+m_r=m, p_1+p_2+\cdots p_s=p$。

$$B=\begin{bmatrix} B_{11} & B_{12} & \cdots & B_{1s} \\ B_{21} & B_{22} & \cdots & B_{2s} \\ \vdots & \vdots & & \vdots \\ B_{s1} & B_{s2} & \cdots & B_{st} \end{bmatrix} \begin{matrix} p_1\text{行} \\ p_2\text{行} \\ \vdots \\ p_s\text{行} \end{matrix}$$

$$\begin{matrix} n_1\text{列} & n_2\text{列} & \cdots & n_t\text{列} \end{matrix}$$

其中，$p_1+p_2\cdots p_s=p, n_1+n_2+\cdots n_t=n$

令

$$C=(c_{ij})_{r\times t}$$

其中

$$C_{ij}=A_{i1}B_{1j}+A_{i2}B_{2j}+\cdots+A_{is}B_{sj}=\sum_{k=1}^{s}A_{ik}B_{kj} \qquad (1)$$

不难看出，如果将矩阵 A 与矩阵 B 的每个子块看成一个元素，按矩阵乘法的法则构造的分块矩阵就是矩阵 C。可以验证，(1)式中，各个对应子块的乘法有定义，而且，这样构造出的矩阵 C 与 AB 完全相同，即 $AB=C$。我们通过下面的例子来说明这一点。

例 2　设

$$A=\begin{bmatrix} 0 & 0 & 1 & 2 & 0 & 0 & 0 \\ 0 & 0 & 3 & -1 & 0 & 0 & 0 \\ 5 & 4 & 0 & 0 & 2 & 7 & -1 \end{bmatrix}, B=\begin{bmatrix} 3 & 1 \\ 0 & -1 \\ 0 & 2 \\ 1 & 0 \\ 0 & 0 \\ -1 & 0 \\ 2 & 3 \end{bmatrix}$$

求 AB。

$$A=\begin{bmatrix} A_{11} & A_{12} & A_{13} \\ A_{21} & A_{22} & A_{23} \end{bmatrix}=\left[\begin{array}{cc:ccc:cc} 0 & 0 & 1 & 2 & 0 & 0 & 0 \\ 0 & 0 & 3 & -1 & 0 & 0 & 0 \\ \hdashline 5 & 4 & 0 & 0 & 2 & 7 & -1 \end{array}\right]$$

$$B=\begin{bmatrix}B_{11}\\B_{21}\\B_{31}\end{bmatrix}=\begin{bmatrix}3&1\\0&-1\\ \hdashline 0&2\\1&0\\0&0\\ \hdashline -1&0\\2&3\end{bmatrix}$$

令

$$C_{11}=A_{11}B_{11}+A_{12}B_{21}+A_{13}B_{31}=A_{12}B_{21}=\begin{bmatrix}2&2\\-1&6\end{bmatrix}$$

$$C_{21}=A_{21}B_{11}+A_{22}B_{21}+A_{23}B_{31}=A_{21}B_{11}+A_{23}B_{31}=[6,-2]$$

$$C=\begin{bmatrix}C_{11}\\C_{21}\end{bmatrix}=\begin{bmatrix}2&2\\-1&6\\6&-2\end{bmatrix}$$

容易验证，用分块矩阵乘法构造的矩阵 C 与直接将矩阵 A 与矩阵 B 相乘的结果相同。

分块矩阵乘法是最主要的分块矩阵运算。在作上述矩阵乘法时，用分块矩阵乘法似乎并没有简化乘法的运算，但在另一些场合，则能显示出用分块矩阵乘法的优越性。例如，设 $A=(a_{ij})_{m\times p}$，将矩阵 A 按列分块，

$$A=(a_{ij})_{m\times p}=(\alpha_1,\alpha_2,\cdots,\alpha_p)$$

为了清楚起见，也记为 $A=(\alpha_1,\alpha_2,\cdots,\alpha_p)$，令

$$\varepsilon_j=\begin{bmatrix}0\\ \vdots\\0\\1\\0\\ \vdots\\0\end{bmatrix}\begin{matrix}\\ \\ \\ \leftarrow 第\ j\ 行\\ \\ \\ \\ \end{matrix}$$

即 ε_j 是 $p\times1$ 矩阵，它的第 j 行的元素为 1，其余元素全为 0（又称 ε_j 为 p 维标准单位列向量），则

$$A\varepsilon_j=(\alpha_1,\alpha_2,\cdots,\alpha_j,\cdots,\alpha_p)\begin{bmatrix}0\\ \vdots\\ 0\\ 1\\ 0\\ \vdots\\ 0\end{bmatrix}=\alpha_j$$

若将矩阵 A 按行分块，$A=(a_{ij})_{m\times p}=\begin{bmatrix}\beta_1\\ \beta_2\\ \vdots\\ \beta_i\\ \vdots\\ \beta_m\end{bmatrix}$ 令

$$\varepsilon_i=(0,\cdots,0,\underset{\substack{\uparrow\\ \text{第 } i \text{ 列}}}{1},0,0)$$

即 ε_i 是 $1\times m$ 矩阵，它的第 i 列的元素为 1，其余元素全为 0(又称 ε_i 为 m 维标准单位行向量)，则

$$\varepsilon_i A=(0,\cdots 0,1,0,\cdots,0)\begin{bmatrix}\beta_1\\ \beta_2\\ \vdots\\ \beta_i\\ \vdots\\ \beta_m\end{bmatrix}=\beta_i$$

由矩阵乘法可知，在矩阵 A 的右边乘以一个形如 ε_j 的一列矩阵，即得到 A 的第 j 列；左边乘以一个形如 ε_i 的一行矩阵，即得到 A 的第 i 行。然而，上述结果告诉我们，无需写出矩阵的元素，用分块矩阵乘法表述这个事实，简洁而明了。

最后我们再简要定义分块矩阵的转置的概念，了解一下分块对角矩阵。

设

$$A=\begin{bmatrix}A_{11} & A_{12} & \cdots & A_{1q}\\ A_{21} & A_{22} & \cdots & A_{2q}\\ \vdots & \vdots & & \vdots\\ A_{p1} & A_{p2} & \cdots & A_{pq}\end{bmatrix}$$

则 A 矩阵的转置 A^T

$$A^T=\begin{bmatrix} A_{11}^T & A_{21}^T & \cdots & A_{p1}^T \\ A_{12}^T & A_{22}^T & \cdots & A_{p2}^T \\ \vdots & \vdots & & \vdots \\ A_{1q}^T & A_{2q}^T & \cdots & A_{pq}^T \end{bmatrix}$$

称形如

$$\begin{bmatrix} A_1 & & & \\ & A_2 & & \\ & & \ddots & \\ & & & A_s \end{bmatrix} \xlongequal{\text{记作}} diag(A_1,A_2,\cdots,A_s) \tag{2}$$

的分块矩阵为分块对角矩阵，其中 A_i 为 n_i 阶方阵，$i=1,2,\cdots,s$。不难验证，具有同样分法的同阶分块对角矩阵的和，差，积仍是同类型的分块对角矩阵，其运算法则类似于对角矩阵的相应运算法则。当 $A_i(i=1,2,\cdots,s)$ 都可逆时，形如(2)的分块对角矩阵也可逆，其逆矩阵为

$$\begin{bmatrix} A_1 & & & \\ & A_2 & & \\ & & \ddots & \\ & & & A_s \end{bmatrix}^{-1}=\begin{bmatrix} A_1^{-1} & & & \\ & A_2^{-1} & & \\ & & \ddots & \\ & & & A_s^{-1} \end{bmatrix}$$

例 2 设

$$A=\begin{bmatrix} 2 & 0 & 0 & 0 \\ 1 & 2 & 0 & 0 \\ 0 & 0 & 3 & 0 \\ 0 & 0 & 1 & 3 \end{bmatrix}$$

求 A^{-1}。

解 将 A 分块

$$\left[\begin{array}{cc:cc} 2 & 0 & 0 & 0 \\ 1 & 2 & 0 & 0 \\ \hdashline 0 & 0 & 3 & 0 \\ 0 & 0 & 1 & 3 \end{array}\right]$$

其中
$$A_1=\begin{bmatrix} 2 & 0 \\ 1 & 2 \end{bmatrix},A_2=\begin{bmatrix} 3 & 0 \\ 1 & 3 \end{bmatrix}$$

因为

$$A_1^{-1}=\begin{bmatrix} \frac{1}{2} & 0 \\ -\frac{1}{4} & \frac{1}{2} \end{bmatrix},A_2^{-1}=\begin{bmatrix} \frac{1}{3} & 0 \\ -\frac{1}{9} & \frac{1}{3} \end{bmatrix}$$

所以

$$A^{-1}=\begin{bmatrix}A_1^{-1} & 0\\ 0 & A_2^{-1}\end{bmatrix}=\begin{bmatrix}\frac{1}{2} & 0 & 0 & 0\\ -\frac{1}{4} & \frac{1}{2} & 0 & 0\\ 0 & 0 & \frac{1}{3} & 0\\ 0 & 0 & -\frac{1}{9} & \frac{1}{3}\end{bmatrix}$$

第六节　几类特殊矩阵

在前面的学习中我们已接触到一些较为特殊的矩阵，如对角矩阵、三角矩阵等。这节再系统的介绍这几种常用的特殊矩阵，着重介绍它们的运算性质，再了解一下对称矩阵、正交矩阵。

一、对角矩阵

若未作特殊说明，以下的矩阵都指 n 阶方阵。

定义 1　形如

$$A=\begin{bmatrix}a_{11} & 0 & \cdots & 0\\ 0 & a_{22} & \cdots & 0\\ \vdots & \vdots & & \vdots\\ 0 & 0 & \cdots & a_{nn}\end{bmatrix}$$

的矩阵称为对角矩阵。对角矩阵 A 中除了主对角线上的元 $a_{ii}(i=1,2,\cdots,n)$ 外，其他元均为零。

对角矩阵的运算有以下简单的性质：

(1)同阶对角矩阵的和仍然是对角矩阵。

(2)数与对角矩阵的乘积仍然是对角矩阵。

(3)同阶对角矩阵的乘积仍然是对角矩阵，而且它们相乘满足乘法交换律。

(4)对角矩阵 A 与它的转置矩阵 A^T 相等，即 $A^T=A$。

(5)对角矩阵 A 可逆的充分必要条件是主对角线上的元全不为零，即 a_{ii} $(i=1,2,\cdots,n)$全不为零，此时

$$A^{-1}=\begin{bmatrix} a_{11}^{-1} & 0 & \cdots & 0 \\ 0 & a_{22}^{-1} & \cdots & 0 \\ \vdots & \vdots & & \vdots \\ 0 & 0 & \cdots & a_{nn}^{-1} \end{bmatrix}$$

主对角线上的元全相等的对角矩阵称为数量矩阵，记为 kE。

(6)n 阶数量矩阵能够与所有的 n 阶方阵可交换，即对任意一个 n 阶方阵 A 都有

$$kEA=A(kE)$$

二、三角形矩阵

定义 2 形如

$$A=\begin{bmatrix} a_{11} & a_{12} & \cdots & a_{1n} \\ 0 & a_{22} & \cdots & a_{2n} \\ \vdots & \vdots & & \vdots \\ 0 & 0 & \cdots & a_{nn} \end{bmatrix}$$

的矩阵称为上三角形矩阵，形如

$$A=\begin{bmatrix} a_{11} & 0 & \cdots & 0 \\ a_{21} & a_{22} & \cdots & 0 \\ \vdots & \vdots & & \vdots \\ a_{n1} & a_{n2} & \cdots & a_{nn} \end{bmatrix}$$

的矩阵称为下三角形矩阵。

上(下)三角形矩阵统称为三角形矩阵。

显然，两个同阶上(下)三角形矩阵的和、差以及乘积矩阵仍然是同阶的上(下)三角形矩阵。

三、对称矩阵和反对称矩阵

定义 3 如果矩阵 $A=(a_{ij})$ 满足 $A^T=A$，那么称 A 是对称矩阵。

由定义知，对称矩阵中的每一元素均满足 $a_{ij}=a_{ji}(i,j=1,2,\cdots,n)$。显然，对角矩阵、数量矩阵和单位矩阵都是对称矩阵。

定义 4 如果矩阵 $A=(a_{ij})$ 满足 $A^T=-A$，那么称 A 是反对称矩阵。

由定义 4 可知，反对称矩阵主对角线上的元素一定为零，其余元素均有 $a_{ij}=-a_{ji}(i\neq j)$。对称和反对称矩阵具有以下简单性质：

(1)对称(反对称)矩阵的和、差仍然是对称(反对称)矩阵。

(2)数乘对称(反对称)矩阵仍然是对称(反对称)矩阵。

需要注意的是:两个对称(反对称)矩阵的乘积,不一定是对称(反对称)矩阵。

例如

$$A=\begin{bmatrix}1 & -1\\ -1 & 0\end{bmatrix},B=\begin{bmatrix}0 & 1\\ 1 & 0\end{bmatrix}$$

都是对称矩阵,但是它们的乘积矩阵

$$AB=\begin{bmatrix}1 & -1\\ -1 & 0\end{bmatrix}\begin{bmatrix}0 & 1\\ 1 & 0\end{bmatrix}=\begin{bmatrix}-1 & 1\\ 0 & -1\end{bmatrix}$$

显然不是对称的。

四、正交矩阵

定义 5　如果矩阵 A 和它的转置矩阵 A^T 满足

$$AA^T=A^TA=E$$

则矩阵 A 叫做正交矩阵。

比较正交矩阵和逆矩阵的定义,便立即可得:一个矩阵 A 是正交矩阵的充分必要条件是它的转置矩阵是它的逆矩阵。$A^T=A^{-1}$

单位矩阵显然是正交矩阵。容易验证下列矩阵

$$C=\begin{bmatrix}0 & -1\\ -1 & 0\end{bmatrix},D=\begin{bmatrix}0 & 1\\ 1 & 0\end{bmatrix},G=\begin{bmatrix}\cos\theta & \sin\theta\\ \sin\theta & -\cos\theta\end{bmatrix}$$

都是正交矩阵。

由定义 5 知,正交矩阵有下列性质:

(1)正交矩阵的转置矩阵是正交矩阵。

(2)正交矩阵都是满秩矩阵,且它的行列式等于±1。

(3)两个正交矩阵的乘积仍是正交矩阵。

(4)正交矩阵的逆矩阵是正交矩阵。

定理　一个 n 阶方阵 $A=(a_{ij})$是正交矩阵的充分必要条件是

$$\sum_{j=1}^{n}a_{ij}a_{kj}=\begin{cases}1, & i=k\\ 0, & i\neq k\end{cases}$$

即同一行的元素的平方和等于 1,不同两行的对应元素的乘积之和等于零。

证明　考虑等式

$$\begin{bmatrix} a_{11} & a_{12} & \cdots & a_{1n} \\ a_{21} & a_{22} & \cdots & a_{2n} \\ \vdots & \vdots & & \vdots \\ a_{n1} & a_{n2} & \cdots & a_{nn} \end{bmatrix} \begin{bmatrix} a_{11} & a_{21} & \cdots & a_{n1} \\ a_{12} & a_{22} & \cdots & a_{n2} \\ \vdots & \vdots & & \vdots \\ a_{1n} & a_{2n} & \cdots & a_{nn} \end{bmatrix} = \begin{bmatrix} 1 & & & \\ & 1 & & \\ & & \ddots & \\ & & & 1 \end{bmatrix}$$

成立的充分必要条件是

$$a_{11}^2+a_{12}^2+\cdots+a_{1n}^2=1$$

$$a_{i1}a_{k1}+a_{i2}a_{k2}+\cdots+a_{in}a_{kn}=0$$

即

$$\sum_{j=1}^{n} a_{ij}a_{kj} = \begin{cases} 1, & i=k \\ 0, & i \neq k \end{cases}$$

于是定理得证。

因为正交矩阵的转置矩阵仍是正交矩阵，所以将上述定理中的“行”换成“列”，定理仍然成立。

这一定理给出了正交矩阵行(列)向量间的重要关系，又叫做正交条件。这一点在后面我们将再作讨论，同时还要学习其它的一些矩阵，比如相似矩阵等。

习题二

1. 已知

$$A=\begin{bmatrix} 4 & 2 & 3 \\ x_1-x_2 & 1 & 0 \end{bmatrix}, B=\begin{bmatrix} 4 & 2 & x_1+x_2 \\ 2 & 1 & 0 \end{bmatrix}$$

若 $A=B$，求 x_1, x_2。

2. 设

$$A=\begin{bmatrix} 1 & 2 & 3 & 4 \\ 0 & -1 & 5 & 2 \\ 2 & 3 & 1 & 0 \end{bmatrix}, B=\begin{bmatrix} 0 & 2 & 1 & 3 \\ 4 & -1 & 0 & 2 \\ 0 & -3 & 2 & 5 \end{bmatrix}$$

求 $A+B, 2A+3B$。

3. 计算

(1) $3\begin{bmatrix} 2 & 4 & 7 \\ 1 & 3 & 1 \end{bmatrix} - \begin{bmatrix} 6 & 10 & 20 \\ 0 & 9 & 3 \end{bmatrix}$

(2) $(x,y,z)\begin{bmatrix} a_{11} & a_{12} & b_1 \\ a_{12} & a_{22} & b_2 \\ b_1 & b_2 & c \end{bmatrix}\begin{bmatrix} x \\ y \\ z \end{bmatrix}$

(3) $\begin{bmatrix} \cos\alpha & -\sin\alpha \\ \sin\alpha & \cos\alpha \end{bmatrix}^2$

(4) $\begin{bmatrix} \lambda & 1 & 0 \\ 0 & \lambda & 1 \\ 0 & 0 & \lambda \end{bmatrix}^2$

(5) $\begin{bmatrix}1&0&0\\0&1&0\\0&0&1\end{bmatrix}\begin{bmatrix}2&1\\4&3\\7&9\end{bmatrix}$

4. 已知

$$A=\begin{bmatrix}2&1&-2\\0&3&1\end{bmatrix},B=\begin{bmatrix}1&0&2\\1&-1&2\end{bmatrix},C=\begin{bmatrix}-1&1&2\\2&3&-1\\1&0&2\end{bmatrix}$$

求 $AC-BC$。

5. 已知

$$A=\begin{bmatrix}2&1\\-1&3\end{bmatrix},B=\begin{bmatrix}3&4\\2&1\end{bmatrix}$$

求满足方程 $2A-3X=2B$ 中的 X。

6. 设

$$A=\begin{bmatrix}a&0&0\\0&b&0\\0&0&c\end{bmatrix}$$

通过计算 $A^2,A^3,\cdots$,归纳出 A^n 一般的运算规律。

7. 证明:若矩阵 A 和矩阵 B 可交换,则有

(1) $(A-B)^2=A^2-2AB+B^2$

(2) $(A+B)(A-B)=A^2-B^2$

(3) $(A-B)^3=A^3-3A^2B+3AB^2-B^3$

8. 如果 $AB=BA,AC=CA$,证明 $A(B+C)=(B+C)A,A(BC)=(BC)A$。

9. 设

$$A=\begin{bmatrix}1&-1&1\\0&1&2\\1&2&3\end{bmatrix},B=\begin{bmatrix}1&2\\2&-1\\0&1\end{bmatrix}$$

求 A^T,B^T,AB,B^TA^T。

10. 证明:$(ABC)^T=C^TB^TA^T$。

11. 设

$$A=\begin{bmatrix}-1&3&2\\0&2&4\\0&0&5\end{bmatrix},B=\begin{bmatrix}2&5&3\\0&4&1\\0&0&1\end{bmatrix}$$

求 $\det(AB^T),\det A+\det B,\det(3A)$。

12. 证明若 A,B 都是 n 阶方阵,且 $BA=E$,则 $B=A^{-1}$。

13. 求下列各矩阵的逆矩阵

(1)$\begin{bmatrix}1&2\\3&4\end{bmatrix}$,(2)$\begin{bmatrix}\cos\alpha&-\sin\alpha\\\sin\alpha&\cos\alpha\end{bmatrix}$,(3)$\begin{bmatrix}a&b\\c&d\end{bmatrix}$,$(ad-bc\neq 0)$

(4)$\begin{bmatrix}1&1&1&1\\1&1&-1&-1\\1&-1&1&-1\\1&-1&-1&1\end{bmatrix}$,(5)$\begin{bmatrix}1&1&0&0\\1&2&0&0\\3&7&2&3\\2&5&1&2\end{bmatrix}$,(6)$\begin{bmatrix}1&3&-5&7\\0&1&2&-3\\0&0&1&2\\0&0&0&1\end{bmatrix}$。

14. 设

$$A=\begin{bmatrix}0&a_1&0&\cdots&0\\0&0&a_2&\cdots&0\\\vdots&\vdots&\vdots&&\vdots\\0&0&0&\cdots&a_{n-1}\\a_n&0&0&\cdots&0\end{bmatrix}$$

其中 $a_i\neq 0, i=1,2,\cdots,n$,求 A^{-1}。

15. 设

$$A=\begin{bmatrix}-1&0&0\\1&-1&0\\1&1&-1\end{bmatrix}$$

计算$(A+2E)^{-1}(A^2-4E)$及$(A+2E)^{-1}(A-2E)^{-1}$。

16. 试用逆矩阵求线性方程组的解

$$\begin{cases}2x_1-x_2-x_3=2\\x_1+x_2+4x_3=0\\3x_1+5x_3=3\end{cases}$$

17. 试证:设 A 是 n 阶方阵且 $\det A\neq 0$,则

$$\det(A^*)=(\det A)^{n-1}\ (n\geqslant 2)$$

18. 证明:

(1)若 A,B,C 为同阶方阵且均可逆,则 AC 也可逆,且

$$(ABC)^{-1}=C^{-1}B^{-1}A^{-1}$$

(2)若方阵 A 可逆,则其伴随方阵 A^* 也可逆,且

$$(A^*)^{-1}=\frac{1}{\det A}A$$

(3)若 $AB=AC$,且 A 为可逆方阵,则 $B=C$。

(4)若 $AB=O$,且 A 为可逆方阵,则 $B=O$。

19. 用初等行变换求下列矩阵的逆矩阵:

(1) $\begin{bmatrix} 2 & 0 & 7 \\ -1 & 4 & 5 \\ 3 & 1 & 2 \end{bmatrix}$；(2) $\begin{bmatrix} 1 & 3 & -5 & 7 \\ 0 & 1 & 2 & -3 \\ 0 & 0 & 1 & 2 \\ 0 & 0 & 0 & 1 \end{bmatrix}$；(3) $\begin{bmatrix} 1 & 1 & 1 & 1 \\ 1 & 1 & -1 & -1 \\ 1 & -1 & 1 & -1 \\ 1 & -1 & -1 & 1 \end{bmatrix}$

(4) $\begin{bmatrix} 3 & -2 & 0 & -1 \\ 0 & 2 & 2 & 1 \\ 1 & -2 & -3 & -2 \\ 0 & 1 & 2 & 1 \end{bmatrix}$；(5) $\begin{bmatrix} 1 & a & a^2 & a^3 & a^4 \\ 0 & 1 & a & a^2 & a^3 \\ 0 & 0 & 1 & a & a^2 \\ 0 & 0 & 0 & 1 & a \\ 0 & 0 & 0 & 0 & 1 \end{bmatrix}$

20. 试用初等行变换解矩阵方程

$$\begin{bmatrix} 1 & 3 & 2 \\ 2 & 2 & -1 \\ -3 & -4 & 0 \end{bmatrix} X = \begin{bmatrix} 1 & 2 & 2 \\ -3 & 2 & 6 \\ 0 & 4 & 3 \end{bmatrix}$$

21. 求下列矩阵的秩

(1) $\begin{bmatrix} 3 & 1 & 0 & 2 \\ 1 & -1 & 2 & -1 \\ 1 & 3 & -4 & 4 \end{bmatrix}$；(2) $\begin{bmatrix} 3 & 2 & -1 & -3 & -2 \\ 2 & -1 & 3 & 1 & -3 \\ 7 & 0 & 5 & -1 & 8 \end{bmatrix}$；

(3) $\begin{bmatrix} 3 & 2 & -1 & 2 & 0 & 1 \\ 4 & 1 & 0 & -3 & 0 & 2 \\ 2 & -1 & -2 & 1 & 1 & -3 \\ 3 & 1 & 3 & -9 & -1 & 6 \\ 3 & -1 & 5 & 7 & 2 & -7 \end{bmatrix}$；(4) $\begin{bmatrix} 1 & 1 & 2 & 2 & 1 \\ 0 & 2 & 1 & 5 & -1 \\ 2 & 0 & 3 & -1 & 3 \\ 1 & 1 & 0 & 4 & -1 \end{bmatrix}$。

22. 设 C 是四阶可逆矩阵，D 是 3×4 矩阵

$$D=\begin{bmatrix} 1 & -1 & 2 & 3 \\ 0 & 0 & 0 & 0 \\ 0 & 0 & 0 & 0 \end{bmatrix}$$

试用分块乘法，求一个 4×7 矩阵 A，使得 $A\begin{bmatrix} C \\ D \end{bmatrix}=E_4$。

23. 用矩阵分块的方法求 A^{-1}，其中

$$A=\begin{bmatrix} 2 & 5 & 0 & 0 & 0 \\ 1 & 3 & 0 & 0 & 0 \\ 0 & 0 & 4 & 0 & 0 \\ 0 & 0 & 0 & -2 & -3 \\ 0 & 0 & 0 & 2 & 5 \end{bmatrix}$$

24.(1)试证:若

$$A=\begin{bmatrix} A_1 & B_1 \\ O & C_1 \end{bmatrix}$$

其中 A_1,C_1 均可逆,则

$$A^{-1}=\begin{bmatrix} A_1^{-1} & -A_1^{-1}B_1C_1^{-1} \\ O & C_1^{-1} \end{bmatrix}$$

25. 如果分块矩阵

$$A=\begin{bmatrix} A_{11} & & & \\ A_{21} & A_{22} & & \\ \vdots & \vdots & \ddots & \\ A_{p1} & A_{p2} & \cdots & A_{pp} \end{bmatrix}$$

中的主对角线子块 A_{ii} 都是方阵,$(i=1,2,\cdots,p)$,就称 A 为准(下)三角阵证明

(1)准下三角阵 A 的行列 $|A|=|A_{11}||A_{22}|\cdots|A_{pp}|$。

(2)如果主对角线子块 A_{ii} 可逆$(i=1,2,\cdots,p)$,则准(下)三角阵 A 也可逆,并且其逆阵 A^{-1} 也是准(下)三角阵

$$A^{-1}=\begin{bmatrix} A_{11}^{-1} & & & \\ & A_{22}^{-1} & & \\ \vdots & \vdots & \ddots & \\ * & & \cdots & A_{pp}^{-1} \end{bmatrix}$$

26. 试证:如果 A 是对称(反对称)矩阵,那么 A^{-1} 也是对称(反对称)矩阵。

27. 试证:(1)两个上(下)三角形矩阵的乘积仍是上(下)三角形矩阵。

(2)可逆的上(下)三角形矩阵的逆仍是上(下)三角形矩阵。

28. 设 A 是反对称矩阵,B 是对称矩阵,试证:

(1)A^2 是对称矩阵;

(2)$AB-BA$ 是对称矩阵;

(3)AB 是反对称矩阵的充分必要条件是 $AB=BA$。

*29. 设 A 为分块矩阵

$$A=\begin{bmatrix} O & B \\ C & O \end{bmatrix}$$

问 $r(A)$ 与 $r(B)$,$r(C)$有什么关系?

30. 设 A,B 为 n 阶方阵,且 $AB=O$,试证:

$r(A)+r(B)\leqslant n$

31. 试证:若 A 为 n 阶方阵$(n\geqslant 2)$,则

$$r(A^*)=\begin{cases}n,\text{当 } r(A)=n \text{ 时；}\\1,\text{当 } r(A)=n-1 \text{ 时；}\\0,\text{当 } r(A)<n-1 \text{ 时。}\end{cases}$$

32. 设 B 是 s 阶矩阵，C 为 $s\times n$ 矩形，且 $r(C)=s$，试证：

(1)如果 $BC=O$，那么 $B=O$；

(2)如果 $BC=C$，那么 $B=E$。

第三章　n维向量和线性方程组

在第一章中，我们学习了克莱姆法则，从理论上和实践上解决了方程的个数等于未知数的个数且系数行列式不等于零的这类线性方程组的求解问题。但是在很多的问题中所碰到的线性方程组，并不是这种特殊的方程组。有时方程的个数虽与未知量的个数相等，但系数行列式等于零；有时方程的个数就不等于未知量的个数，因此，需进一步讨论一般的线性方程组。讨论一般的线性方程组，还需要引进向量这个新概念，定义向量的线性运算，研究向量组的线性相关性与向量组的秩，进而解决一般线性方程组的解的结构问题。

第一节　线性方程组的相容定理

有了矩阵这一工具，我们再来讨论一般线性方程组，即含有 n 个未知量、m 个方程的方程组的解的情况，并回答以下三个问题：

(1)如何判定线性方程组是否有解？

(2)在有解的情况下，解是否唯一？

(3)在解不唯一时，解的结构如何？

我们考虑线性方程组的一般形式

$$\begin{cases} a_{11}x_1+a_{12}x_2+\cdots+a_{1n}x_n=b_1 \\ a_{21}x_1+a_{22}x_2+\cdots+a_{2n}x_n=b_2 \\ \cdots\cdots\cdots\cdots\cdots\cdots\cdots\cdots \\ a_{m1}x_1+a_{m2}x_2+\cdots+a_{mn}x_n=b_m \end{cases} \tag{1}$$

式中系数 $a_{ij}(i=1,2,\cdots,m;j=1,2,\cdots,n)$，常数项 $b_i(i=1,2,\cdots,m)$都是已知数，$x_j(j=1,2,\cdots,n)$是未知量（也称为元）。当 $b_i(i=1,2,\cdots,m)$不全为零时，称方程组(1)为非齐次线性方程组，当 $b_i(i=1,2,\cdots,m)$全为零时，即

$$\begin{cases} a_{11}x_1+a_{12}x_2+\cdots+a_{1n}x_n=0 \\ a_{21}x_1+a_{22}x_2+\cdots+a_{2n}x_n=0 \\ \cdots\cdots\cdots\cdots\cdots\cdots\cdots\cdots \\ a_{m1}x_1+a_{m2}x_2+\cdots+a_{mn}x_n=0 \end{cases} \tag{2}$$

方程组(2)称为齐次线性方程组。

线性方程组(1)的矩阵表达式为

$$AX=B$$

式中

$$A=\begin{bmatrix} a_{11} & a_{12} & \cdots & a_{1n} \\ a_{11} & a_{12} & \cdots & a_{1n} \\ \vdots & \vdots & & \vdots \\ a_{m1} & a_{m2} & \cdots & a_{mn} \end{bmatrix}$$

为系数矩阵，

$$A=\begin{bmatrix} x_1 \\ x_2 \\ \vdots \\ x_n \end{bmatrix}$$

为未知量矩阵，

$$B=\begin{bmatrix} b_1 \\ b_2 \\ \vdots \\ b_m \end{bmatrix}$$

为常数矩阵。

矩阵$(A|B)$，即

$$\begin{bmatrix} a_{11} & a_{12} & \cdots & a_{1n} & b_1 \\ a_{11} & a_{12} & \cdots & a_{1n} & b_2 \\ \vdots & \vdots & & \vdots & \vdots \\ a_{m1} & a_{m2} & \cdots & a_{mn} & b_m \end{bmatrix}$$

称为线性方程组(1)的增广矩阵。显然，线性方程组(1)完全由它的增广矩阵所决定。我们将以矩阵为工具，建立向量空间，来研究线性方程组(1)的解的一般结构。

一、高斯消元法

从第二章矩阵的运算知，对线性方程组进行初等行变换是不会改变其解的。现在我们用矩阵来证明这个结论。

定理 1　若将增广矩阵$(A|B)$用初等行变换化为$(U|V)$，则$AX=B$与$UX=V$是同解方程组。

证　由于对矩阵作一次初等行变换等价于矩阵左乘一个初等方阵，因此存在初等方阵$P_1,P_2,\cdots,P_s$，使得

$$P_sP_{s-1}\cdots P_2P_1(A|B)=(U|V)$$

记 $P_sP_{s-1}\cdots P_2P_1=P$，显然 P 可逆。若 X_1 为 $AX=B$ 的解，即

$$AX_1=B$$

两边同时左乘矩阵 P 有

$$PAX_1=PB$$

即

$$UX_1=V$$

于是 X_1 是 $UX=V$ 的解。反之，若 X_2 为 $UX=V$ 的解，即

$$UX_2=V$$

两边同时左乘矩阵 P^{-1}，得

$$P^{-1}UX_2=P^{-1}V$$

即

$$AX_2=B$$

X_2 亦为 $AX=B$ 的解。

综上所述，$AX=B$ 与 $UX=V$ 的解相同，称之为同解方程组。

为了求方程组(1)的解，运用定理 1，我们用初等行变换把增广矩阵$(A|B)$化简。由矩阵的初等变换知，通过初等行变换总能把$(A|B)$化为阶梯形矩阵。因此，我们给出解线性方程组(1)的一般方法，就是用初等行变换把增广矩阵$(A|B)$化为阶梯形矩阵，求出阶梯形矩阵所对应的方程组的解。由于两者为同解方程组，所以也就得到原方程(1)的解。这个方法称为高斯(Gauss)消元法。下面，举例说明利用高斯消元法来求解一般的线性方程组。

例 1 解线性方程组

$$\begin{cases} x_1-x_2+x_3-x_4=0 \\ 2x_1-x_2+3x_3-2x_4=-1 \\ 3x_1-2x_2-x_3+2x_4=4 \end{cases} \tag{3}$$

解 首先写出增广矩阵，然后作初等行变换，将增广矩阵化为阶梯形矩阵，有

$$(A|B)=\begin{bmatrix} 1 & -1 & 1 & -1 & 0 \\ 2 & -1 & 3 & -2 & -1 \\ 3 & -2 & -1 & 2 & 4 \end{bmatrix} \xrightarrow[-3r_1+r_3]{-2r_1+r_2}$$

$$\begin{bmatrix} 1 & -1 & 1 & -1 & 0 \\ 0 & 1 & 1 & 0 & -1 \\ 0 & 1 & -4 & 5 & 4 \end{bmatrix} \xrightarrow{-r_2+r_3}$$

$$\begin{bmatrix} 1 & -1 & 1 & -1 & 0 \\ 0 & 1 & 1 & 0 & -1 \\ 0 & 0 & -5 & 5 & 5 \end{bmatrix} \xrightarrow{-\frac{1}{5}r_3}$$

$$\begin{bmatrix}1&-1&1&-1&0\\0&1&1&0&-1\\0&0&1&-1&-1\end{bmatrix}\xrightarrow[-r_3+r_2]{r_2+r_1}$$

$$\begin{bmatrix}1&0&2&-1&-1\\0&1&0&1&0\\0&0&1&-1&-1\end{bmatrix}\xrightarrow{-2r_3+r_1}\begin{bmatrix}1&0&0&1&1\\0&1&0&1&0\\0&0&1&-1&-1\end{bmatrix}$$

阶梯形矩阵所对应的线性方程组为

$$\begin{cases}x_1+x_4=1\\x_2+x_4=0\\x_3-x_4=-1\end{cases}\tag{4}$$

方程组(4)和(3)是同解方程。先将方程组(4)中含 x_4 的项移至等号右端,得

$$\begin{cases}x_1=-x_4+1\\x_2=-x_4\\x_3=x_4-1\end{cases}\tag{5}$$

在方程(5)中,由于 x_4 取任意的常数 k,所对应的 x_1、x_2、x_3 都是(3)的解,因此方程组(3)有无穷多个解。反之,方程组(3)的任意一个解一定也是方程组(4)的解,所以它也一定能表示为(5)的形式。由此可见,表达式(5)表示了方程组(3)的所有的解。(5)式中右端的未知量 x_4 称为自由未知量(或称自由元),用自由元表达其他未知量的表达式(5)称为方程组(3)的一般解。自由元的取法不是唯一的,如本例也可将 x_3 取作自由元。

若我们要把方程组(3)的解写成矩阵的形式,则可以把一般解(5)改写为

$$\begin{cases}x_1=-k+1\\x_2=-k\\x_3=k-1\end{cases}\tag{6}$$

即令自由元 x_4 取任意常数 k 而得,这样就可把方程组(3)的所有解写成矩阵形式

$$\begin{bmatrix}x_1\\x_2\\x_3\\x_4\end{bmatrix}=\begin{bmatrix}-k+1\\-k\\k-1\\k\end{bmatrix}=k\begin{bmatrix}-1\\-1\\1\\1\end{bmatrix}+\begin{bmatrix}1\\0\\-1\\0\end{bmatrix}\tag{7}$$

式中 k 为任意常数,(7)式即为方程组(3)所有解的矩阵形式。

例 2　解齐次线性方程组

$$\begin{cases} x_1+3x_2-2x_3+2x_4-x_5=0 \\ -2x_1-5x_2+x_3-5x_4+3x_5=0 \\ 3x_1+7x_2-x_3+x_4-3x_5=0 \\ -x_1-4x_2+5x_3-x_4=0 \end{cases} \tag{8}$$

解　对(8)式的系数矩阵作初等行变换,使其化成阶梯形矩阵,得

$$A=\begin{bmatrix} 1 & 3 & -2 & 2 & -1 \\ -2 & -5 & 1 & -5 & 3 \\ 3 & 7 & -1 & 1 & -3 \\ -1 & -4 & 5 & -1 & 0 \end{bmatrix} \xrightarrow[\substack{-3r_1+r_3 \\ r_1+r_4}]{2r_1+r_2}$$

$$\begin{bmatrix} 1 & 3 & -2 & 2 & -1 \\ 0 & 1 & -3 & -1 & 1 \\ 0 & -2 & 5 & -5 & 0 \\ 0 & -1 & 3 & 1 & -1 \end{bmatrix} \xrightarrow[r_2+r_4]{2r_2+r_3}$$

$$\begin{bmatrix} 1 & 3 & -2 & 2 & -1 \\ 0 & 1 & -3 & -1 & 1 \\ 0 & 0 & -1 & -7 & 2 \\ 0 & 0 & 0 & 0 & 0 \end{bmatrix} \xrightarrow{-r_3} \begin{bmatrix} 1 & 3 & -2 & 2 & -1 \\ 0 & 1 & -3 & -1 & 1 \\ 0 & 0 & 1 & 7 & -2 \\ 0 & 0 & 0 & 0 & 0 \end{bmatrix}$$

阶梯形矩阵所对应的方程组为

$$\begin{cases} x_1+3x_2-2x_3+2x_4-x_5=0 \\ x_2-3x_3-x_4+x_5=0 \\ x_3+7x_4-2x_5=0 \end{cases} \tag{9}$$

将 x_4,x_5 移至等号右端,有

$$\begin{cases} x_1=44x_4-7x_5 \\ x_2=-20x_4+x_5 \\ x_3=-7x_4+2x_5 \end{cases} \tag{10}$$

式(10)即为齐次线性方程组(8)的一般解,其中 x_4,x_5 为自由元。若写成矩阵形式,可令自由元 x_4 取任意常数 k_1,自由元 x_5 取任意常数 k_2,这样方程组(8)的所有解为

$$\begin{bmatrix} x_1 \\ x_2 \\ x_3 \\ x_4 \\ x_5 \end{bmatrix}=\begin{bmatrix} 44k_1-7k_2 \\ -20k_1+4k_2 \\ -7k_1+2k_2 \\ k_1+0 \\ 0+k_2 \end{bmatrix}=k_1\begin{bmatrix} 44 \\ -20 \\ -7 \\ 1 \\ 0 \end{bmatrix}+k_2\begin{bmatrix} -7 \\ 4 \\ 2 \\ 0 \\ 1 \end{bmatrix} \tag{11}$$

其中 k_1,k_2 为任意常数。

例 3 解非齐次线性方程组

$$\begin{cases}2x_1 + x_2 + 3x_3 = 6 \\ 3x_1 + 2x_2 + x_3 = 1 \\ 5x_1 + 3x_2 + 4x_3 = 27\end{cases} \tag{12}$$

解 将(12)式的增广矩阵通过初等行变换化为阶梯形矩阵，有

$$(A|B)=\begin{bmatrix}2 & 1 & 3 & 6 \\ 3 & 2 & 1 & 1 \\ 5 & 3 & 4 & 27\end{bmatrix} \xrightarrow{-r_2+r_1} \begin{bmatrix}-1 & -1 & 2 & 5 \\ 3 & 2 & 1 & 1 \\ 5 & 3 & 4 & 27\end{bmatrix}$$

$$\xrightarrow[5r_1+r_3]{3r_1+r_2} \begin{bmatrix}-1 & -1 & 2 & 5 \\ 0 & -1 & 7 & 16 \\ 0 & -2 & 14 & 52\end{bmatrix} \xrightarrow{-2r_2+r_3} \begin{bmatrix}-1 & -1 & 2 & 5 \\ 0 & -1 & 7 & 16 \\ 0 & 0 & 0 & 20\end{bmatrix}$$

$$\xrightarrow[-r_2]{-r_1} \begin{bmatrix}1 & 1 & -2 & -5 \\ 0 & 1 & -7 & -16 \\ 0 & 0 & 0 & 20\end{bmatrix} \xrightarrow[\frac{1}{20}r_3]{-r_2+r_1} \begin{bmatrix}1 & 0 & 5 & 11 \\ 0 & 1 & -7 & -16 \\ 0 & 0 & 0 & 1\end{bmatrix}$$

阶梯形矩阵所对应的方程组为

$$\begin{cases}x_1 + 0\,x_2 + 5x_3 = 11 \\ \qquad x_2 - 7x_3 = -16 \\ \qquad\qquad 0 = 1\end{cases} \tag{13}$$

显然，不可能有 x_1,x_2,x_3 的值满足第三个方程。因此方程组(13)无解，也即方程组(12)无解。

通过上面三个例子，可归纳出解线性方程组(1)的高斯消元法的一般步骤：

(1)将线性方程组(1)的增广矩阵$(A|B)$通过初等行变换化为阶梯形矩阵。

(2)将阶梯形矩阵首非零元所在列的未知数称为基本未知数(元)，设为 r 个，其余未知数称为自由未知量(元)，其有 $n-r$ 个。

(3)求阶梯形矩阵所对应的线性方程组的解，把此方程组含有自由元的项移至方程右端，并用逐个方程回代的方法得到用自由元表达的基本元，这就是方程组(1)的一般解。

(4)为得到所有解的矩阵形式，可以把 $n-r$ 个自由元依次令为(任意)常数 $k_1,k_2,k_3,\cdots,k_{n-r}$，对应地解出基本元，即可写出方程组(1)所有解的矩阵形式。

二、线性方程组的相容性定理

定义 1 若线性方程组(1)有解，称此线性方程组为相容的，否则称此线性方程组为不相容的。

线性方程组(1)有有解、无解两种情况。由高斯消元法知,线性方程组(1)是否有解,就看把线性方程组(1)的增广矩阵$(A|B)$和系数矩阵A化为阶梯形矩阵后的非零行行数是否相同。从第二章中得知,一个矩阵用初等行变换化为阶梯形矩阵后的非零行的数目就等于该矩阵的秩,因此,可以用矩阵的秩来反映线性方程组(1)是否相容的本质。

定理 2 线性方程组(1)相容的充分必要条件是

$$r(A)=r(A|B)$$

定理 2 已圆满地回答了本章开头提出的关于线性方程组的三个问题中的第 1 个问题。至于第 2 个问题,从高斯消元法也能得到回答。因为当$r(A)=r(A|B)=r$时,方程组(1)有解,而且有r个基本未知元,则有$n-r$个自由未知元,由此可知,只要有自由元,方程组(1)的解就有无穷多个,而当没有自由未知元时,即$r=n$时,解才唯一。我们把它归结为下述定理。

定理 3 对于线性方程组(1)若$r(A)=r(A|B)=r$时方程组有解,且当$r=n$时,线性方程组(1)有唯一解;而当$r<n$时,线性方程组(1)有无穷多组解。

例 4 判定下列方程组的相容性以及相容时解的个数:

$$(1)\begin{cases} x_1-x_2+2x_3=3 \\ 2x_1+3x_2-4x_3=2 \\ 4x_1+x_2=8 \\ 5x_1+2x_3=11 \end{cases} \qquad (2)\begin{cases} x_1-x_2+2x_3=3 \\ 2x_1+3x_2-4x_3=2 \\ 4x_1+x_2=8 \\ 5x_1+2x_3=9 \end{cases}$$

$$(3)\begin{cases} x_1-x_2+2x_3=3 \\ 2x_1+3x_2-4x_3=2 \\ 4x_1+x_2=8 \\ 5x_1-2x_3=11 \end{cases}$$

解 利用初等行变换将三个方程组的增广矩阵化为阶梯形矩阵,有

$$(1)\begin{bmatrix} 1 & -1 & 2 & 3 \\ 2 & 3 & -4 & 2 \\ 4 & 1 & 0 & 8 \\ 5 & 0 & 2 & 11 \end{bmatrix} \xrightarrow[\substack{-4r_1+r_3 \\ -5r_1+r_4}]{-2r_1+r_2} \begin{bmatrix} 1 & -1 & 2 & 3 \\ 0 & 5 & -8 & -4 \\ 0 & 5 & -8 & -4 \\ 0 & 5 & -8 & -4 \end{bmatrix}$$

$$\xrightarrow[-r_2+r_4]{-r_2+r_3} \begin{bmatrix} 1 & -1 & 2 & 3 \\ 0 & 5 & -8 & -4 \\ 0 & 0 & 0 & 0 \\ 0 & 0 & 0 & 0 \end{bmatrix}$$

$$(2)\begin{bmatrix}1&-1&2&3\\2&3&-4&2\\4&1&0&8\\5&0&2&9\end{bmatrix}\xrightarrow[\substack{-4r_1+r_3\\-5r_1+r_4}]{-2r_1+r_2}\begin{bmatrix}1&-1&2&3\\0&5&-8&-4\\0&5&-8&-4\\0&5&-8&-6\end{bmatrix}$$

$$\xrightarrow[-r_2+r_3]{-r_2+r_3}\begin{bmatrix}1&-1&2&3\\0&5&-8&-4\\0&0&0&0\\0&0&0&-2\end{bmatrix}$$

$$\xrightarrow{r_3\leftrightarrow r_4}\begin{bmatrix}1&-1&2&3\\0&5&-8&-4\\0&0&0&-2\\0&0&0&0\end{bmatrix}$$

$$(3)\begin{bmatrix}1&-1&2&3\\2&3&-4&2\\4&1&0&8\\5&0&-2&11\end{bmatrix}\xrightarrow[\substack{-4r_1+r_3\\-5r_1+r_4}]{-2r_1+r_2}\begin{bmatrix}1&-1&2&3\\0&5&-8&-4\\0&5&-8&-4\\0&5&-12&-4\end{bmatrix}$$

$$\xrightarrow[-r_2+r_3]{-r_2+r_3}\begin{bmatrix}1&-1&2&3\\0&5&-8&-4\\0&0&0&0\\0&0&-4&0\end{bmatrix}$$

$$\xrightarrow{r_3\leftrightarrow r_4}\begin{bmatrix}1&-1&2&3\\0&5&-8&-4\\0&0&-4&0\\0&0&0&0\end{bmatrix}$$

由此可知

(1)$r(A)=r(A|B)=2<n(=3)$,所以方程组(1)有无穷多组解。

(2)$r(A)=2\neq r(A|B)=3$,所以方程组(2)无解。

(3)$r(A)=r(A|B)=3=n$,所以方程组(3)有唯一解。

例 5　问 λ、μ 为何值时,方程组

$$\begin{cases}x_1+2x_2+3x_3=6\\x_1-\ \ x_2+6x_3=0\\3x_1-2x_2+\lambda x_3=\mu\end{cases}$$

无解? 有唯一解? 有无穷多解?

解　利用初等行变换将方程组的增广矩阵化为阶梯形矩阵,有

$$(A|B)=\begin{bmatrix}1 & 2 & 3 & 6\\ 1 & -1 & 6 & 0\\ 3 & -2 & \lambda & \mu\end{bmatrix}\xrightarrow[-3r_1+r_3]{-r_1+r_2}\begin{bmatrix}1 & 2 & 3 & 6\\ 0 & -3 & 3 & -6\\ 0 & -8 & \lambda-9 & \mu-18\end{bmatrix}$$

$$\xrightarrow{-\frac{1}{3}r_2}\begin{bmatrix}1 & 2 & 3 & 6\\ 0 & 1 & -1 & 2\\ 0 & -8 & \lambda-9 & \mu-18\end{bmatrix}$$

$$\xrightarrow{8r_2+r_3}\begin{bmatrix}1 & 2 & 3 & 6\\ 0 & 1 & -1 & 2\\ 0 & 0 & \lambda-17 & \mu-2\end{bmatrix}$$

可知

$$r(A)=\begin{cases}2,\text{当 }\lambda=17\text{ 时；}\\ 3,\text{当 }\lambda\neq17\text{ 时。}\end{cases}$$

$$r(A|B)=\begin{cases}2,\text{当 }\lambda=17\text{ 且 }\mu=2\text{ 时；}\\ 3,\lambda\neq17\text{。}\end{cases}$$

因此

当 $\lambda=17$ 而 $\mu\neq2$ 时，方程组无解；

当 $\lambda\neq17$ 时，方程组有唯一解；

当 $\lambda=17$ 且 $\mu=2$ 时，方程组有无穷多解。

对于齐次线性方程组(2)，由于其增广矩阵的最后一列全为零，所以满足定理 1 的条件，即齐次线性方程组总有解，因为所有未知量都为零时，总满足方程(2)，这样的解称为零解，也称为平凡解。因此，对于齐次线性方程组来说，重要的是如何判定它是否有非零解(非平凡解)。由定理 3 可知

定理 4 齐次方程组(2)有非零解的充分必要条件为 $r(A)<n$。

我们在前面所得到的关于 $m=n$ 情形下的结论已被包含在这一节的结论之中，因为在 $m=n$ 时，$\det A=0$ 等价于 $r(A)<n$，故 $\det A=0$ 不仅为齐次方程组有非零解的必要条件，而且还是充分条件。

至此本章开头提出的关于线性方程组的三个问题中的第 3 个问题，还没有解决，为了揭示关于无穷多解之间的内在联系，我们还要引进一些重要的概念。

第二节 n 维向量的概念

一、n 维向量的概念

在解析几何中，我们已经熟悉了平面二维向量和空间三维向量的概念及其

运算。比如,在取定的一个坐标系下,一个三维向量可以用坐标表示成(x,y,z),可使几何向量与有序数组建立一一对应的关系。其中x,y,z都是实数。

在很多实际问题或理论推导中,常常需要用n个数构成的有序数组来描述所研究的对象。因此,需要将向量的概念进行推广。

定义1　由n个数以$a_1,a_2,\cdots,a_n$组成的一个有序数组$(a_1,a_2,\cdots,a_n)$称为一个n维向量。

其中$a_i(i=1,2,\cdots,n)$称为n维向量的第i个分量(或坐标)。分量是实数的向量称实向量,是复数的向量称复向量,如不特别声明本章主要讨论实向量。一般用希腊字母$\boldsymbol{\alpha},\boldsymbol{\beta},\boldsymbol{\gamma},\cdots$表示向量,如

$$\boldsymbol{\alpha}=(a_1,a_2,\cdots,a_n)\text{或}\ \boldsymbol{\alpha}=\begin{bmatrix}a_1\\a_1\\\vdots\\a_n\end{bmatrix}$$

都表示n维向量,前者称为行向量,后者称为列向量。可以将行向量看成一行矩阵,列向量看成一列矩阵。因而

$$(a_1,a_2,\cdots,a_n)^T=\begin{bmatrix}a_1\\a_2\\\vdots\\a_n\end{bmatrix},\begin{bmatrix}a_1\\a_2\\\vdots\\a_n\end{bmatrix}^T=(a_1,a_2,\cdots,a_n)$$

设$\boldsymbol{\alpha}=(a_1,a_2,\cdots,a_n)$,$\boldsymbol{\beta}=(b_1,b_2,\cdots,b_n)$都是$n$维向量,当且仅当它们的各个对应的分量都相等,即$a_i=b_i(i=1,2,\cdots,n)$时,称向量$\boldsymbol{\alpha}$与向量$\boldsymbol{\beta}$相等,记作

$$\boldsymbol{\alpha}=\boldsymbol{\beta}$$

显然,两个不同维数的向量一定不相等。

分量全为零的向量称为零向量,记为$\boldsymbol{O}$。即

$$\boldsymbol{O}=(0,0,\cdots,0)$$

若$\boldsymbol{\alpha}=(a_1,a_2,\cdots,a_n)$,则称

$$(-a_1,-a_2,\cdots,-a_n)$$

为$\boldsymbol{\alpha}$的负向量,记为$-\boldsymbol{\alpha}$。

引入向量后,矩阵$A=(a_{ij})_{m\times n}$既可表示为

$$A=\begin{bmatrix}\boldsymbol{\alpha}_1\\\boldsymbol{\alpha}_2\\\vdots\\\boldsymbol{\alpha}_m\end{bmatrix},\text{其中}\ \boldsymbol{\alpha}_i=(a_{i1},a_{i2},\cdots,a_{in}),\quad i=1,2,\cdots,m$$

也可表示为

$$A=(\alpha_1,\alpha_2,\cdots,\alpha_n) \quad 其中\ \alpha_j=\begin{bmatrix} a_{1j} \\ a_{2j} \\ \vdots \\ a_{mj} \end{bmatrix},j=1,2,\cdots,n$$

这样的表示法与矩阵的分块表示是一致的。

上面的定义可以说是解析几何中二维、三维向量的推广。但要注意的是，n 维向量(当 $n>3$ 时)不像二维、三维向量那样有直观的几何意义，它只不过是沿用几何的术语罢了。

再举几个例子：

一个 n 阶行列式的每一行以及每一列都可以看作一个 n 维向量：

一个 m 行 n 列的矩阵，其每一行可以看作一个 n 维向量。每一列可看作一个 m 维向量。

任意一个含有 n 个未知量的线性方程 $a_1x_1+a_2x_2+\cdots+a_nx_n=b$ 的系数及常数项 $a_1,a_2,\cdots,a_n,b$ 可以看作一个 $n+1$ 维向量；一个含有 n 个未知量的线性方程组的任意一个解也可以看作一个 n 维向量，这个向量我们称为解向量。

二、向量的运算

定义 2 设 $\alpha=(a_1,a_2,\cdots,a_n)$，$\beta=(b_1,b_2,\cdots,b_n)$都是 n 维向量，称向量

$$(a_1+b_1,a_2+b_2,\cdots,a_n+b_n)$$

为向量 α 与 β 的和，记作 $\alpha+\beta$，即

$$\alpha+\beta=(a_1+b_1,a_2+b_2,\cdots,a_n+b_n)$$

定义 3 设 $\alpha=(a_1,a_2,\cdots,a_n)$为 n 维向量，k 为实数，则称向量

$$(ka_1,ka_2,\cdots,ka_n)$$

为数 k 与向量 α 的数量乘积，简称数乘，记作 $k\alpha$，即

$$k\alpha=(ka_1,ka_2,\cdots,ka_n)$$

有了加法，也可以定义向量的减法。向量 α 与 β 的差 $\alpha-\beta$ 定义为 $\alpha+(-\beta)$，即

$$\begin{aligned}\alpha-\beta&=\alpha+(-\beta)\\&=(a_1-b_1,a_2-b_2,\cdots,a_n-b_n)\end{aligned}$$

向量的加法和数乘统称为向量的线性运算。按定义容易验证向量的线性运算满足下面的八条运算律：

(1)加法交换律：$\alpha+\beta=\beta+\alpha$；

(2)加法结合律：$(\alpha+\beta)+\gamma=\alpha+(\beta+\gamma)$；

(3)对任一向量 α，有 $\alpha+\boldsymbol{O}=\alpha$；

(4)对任一向量 α，有 $\alpha+(-\alpha)=\boldsymbol{O}$；

(5)对数 1，有 $1\alpha=\alpha$；

(6)$(kl)\alpha=k(l\alpha)=l(k\alpha)$；

(7)$(k+l)\alpha=k\alpha+l\alpha$；

(8)$k(\alpha+\beta)=k\alpha+k\beta$。

在以上八条性质中，α,β,γ 为向量，k、l 为实数。这些性质的证明与矩阵类似，故不再详述。

在引入如上所定义的向量的加法与数乘运算后，n 维实向量的全体称为 n 维向量空间，记作 R^n。

第三节　n 维向量的线性相关与线性无关

这一节我们将进一步研究 n 维向量之间的关系。其中向量的线性相关与线性无关是非常重要的概念，许多数学问题都涉及到这个概念。

一、向量的线性组合

对于两个 n 维向量 α,β 若存在一常数 k，使得

$$\alpha=k\beta$$

在解析几何中称向量 α 与 β 平行，或者说 α 与 β 成比例。例如

$$\alpha=\begin{bmatrix}1\\3\\2\end{bmatrix},\beta=\begin{bmatrix}2\\6\\4\end{bmatrix},\text{则 }\alpha=\frac{1}{2}\beta$$

将这个概念推广到多个 n 维向量，我们引入线性组合(或线性表示)的概念。

定义 1　对于 n 维向量 $\alpha_1,\alpha_2,\cdots,\alpha_s,\beta$ 如果存在常数 $k_1,k_2,\cdots,k_s$ 使

$$\beta=k_1\alpha_1+k_2\alpha_2+\cdots+k_s\alpha_s,$$

则称向量 β 是向量 $\alpha_1,\alpha_2,\cdots,\alpha_s$ 的一个线性组合，或称向量 β 可由向量 α_1，$\alpha_2,\cdots,\alpha_s$ 线性表示，称 $k_1,k_2,\cdots,k_s$ 为组合系数(或表出系数，表示系数)。

例 1　设

$$\alpha_1=(1,2,-1),\alpha_2=(2,-3,1),\alpha_3=(4,1,-1)$$

不难验证

$$\alpha_3=2\alpha_1+\alpha_2$$

故 α_3 就是向量 α_1,α_2 的一个线性组合，其中数 2，1 就是组合系数。

例 2　任一个 n 维向量 $\alpha=(a_1,a_2,\cdots,a_n)$ 都是向量组

$$\boldsymbol{\varepsilon}_1=\begin{bmatrix}1\\0\\\vdots\\0\end{bmatrix},\boldsymbol{\varepsilon}_2=\begin{bmatrix}0\\1\\\vdots\\0\end{bmatrix},\cdots,\boldsymbol{\varepsilon}_n=\begin{bmatrix}0\\0\\\vdots\\1\end{bmatrix}$$

的一个线性组合，

显然

$$\boldsymbol{\alpha}=a_1\boldsymbol{\varepsilon}_1+a_2\boldsymbol{\varepsilon}_2+\cdots+a_n\boldsymbol{\varepsilon}_n$$

即 $\boldsymbol{\alpha}$ 可由 $\boldsymbol{\varepsilon}_1,\boldsymbol{\varepsilon}_2,\cdots,\boldsymbol{\varepsilon}_n$ 线性表出，表出系数就是 $\boldsymbol{\alpha}$ 的分量 $a_1,a_2,\cdots,a_n$。

向量 $\boldsymbol{\varepsilon}_1,\boldsymbol{\varepsilon}_2,\cdots,\boldsymbol{\varepsilon}_n$ 称为 n 维单位向量，也可称为 n 维基本向量。如果将 $\boldsymbol{\alpha}$ 与 $\boldsymbol{\varepsilon}_1,\boldsymbol{\varepsilon}_2,\cdots,\boldsymbol{\varepsilon}_n$ 都写成行向量，则有同样的结果。向量间的这种线性关系不因其是行向量还是列向量而有所改变。如不特别指明，本书主要采用列向量的形式。

例 3 向量$\begin{bmatrix}2\\3\end{bmatrix}$不是$\begin{bmatrix}1\\0\end{bmatrix}$和$\begin{bmatrix}-2\\0\end{bmatrix}$的线性组合，因为对于任意的一组数 k_1，k_2，有

$$k_1\begin{bmatrix}1\\0\end{bmatrix}+k_2\begin{bmatrix}-2\\0\end{bmatrix}=\begin{bmatrix}k_1-2k_2\\0\end{bmatrix}\neq\begin{bmatrix}2\\3\end{bmatrix}$$

例 4 零向量是任意一组相同维数的向量组 $\boldsymbol{\alpha}_1,\boldsymbol{\alpha}_2,\cdots,\boldsymbol{\alpha}_s$ 的线性组合，因为显然有

$$\boldsymbol{O}=0\boldsymbol{\alpha}_1+0\boldsymbol{\alpha}_2+\cdots+0\boldsymbol{\alpha}_s$$

设

$$\boldsymbol{\beta}=\begin{bmatrix}b_1\\b_2\\\vdots\\b_n\end{bmatrix},\boldsymbol{\alpha}_1=\begin{bmatrix}a_{11}\\a_{21}\\\vdots\\a_{n1}\end{bmatrix},\boldsymbol{\alpha}_2=\begin{bmatrix}a_{12}\\a_{22}\\\vdots\\a_{n2}\end{bmatrix},\cdots,\boldsymbol{\alpha}_s=\begin{bmatrix}a_{1s}\\a_{2s}\\\vdots\\a_{ns}\end{bmatrix}$$

如何判别向量 $\boldsymbol{\beta}$ 能否由向量 $\boldsymbol{\alpha}_1,\boldsymbol{\alpha}_2,\cdots,\boldsymbol{\alpha}_s$ 线性表出？

为解决这个问题，作如下分析：

$\boldsymbol{\beta}$ 能由 $\boldsymbol{\alpha}_1,\boldsymbol{\alpha}_2,\cdots,\boldsymbol{\alpha}_s$ 线性表出等价于存在一组数 $k_1,k_2,\cdots,k_s$，使得

$$\boldsymbol{\beta}=k_1\boldsymbol{\alpha}_1+k_2\boldsymbol{\alpha}_2+\cdots+k_s\boldsymbol{\alpha}_s$$

即

$$\begin{cases}a_{11}k_1+a_{12}k_2+\cdots+a_{1s}k_s=b_1\\a_{21}k_1+a_{22}k_2+\cdots+a_{2s}k_s=b_2\\\cdots\cdots\cdots\cdots\cdots\cdots\cdots\cdots\\a_{n1}k_1+a_{n2}k_2+\cdots+a_{ns}k_s=b_n\end{cases}$$

又等价于线性方程组

$$\begin{cases}a_{11}x_1+a_{12}x_2+\cdots+a_{1s}x_s=b_1\\a_{21}x_1+a_{22}x_2+\cdots+a_{2s}x_s=b_2\\\cdots\cdots\cdots\cdots\cdots\cdots\cdots\cdots\cdots\cdots\cdots\\a_{n1}x_1+a_{n2}x_2+\cdots+a_{ns}x_s=b_n\end{cases}$$

有解，且 $k_1,k_2,\cdots,k_s$ 是它的一组解，即 $\boldsymbol{\alpha}_1x_1+\boldsymbol{\alpha}_2x_2+\cdots+\boldsymbol{\alpha}_sx_s=\boldsymbol{\beta}$ 有解。

因此有以下定理：

定理 1　向量 $\boldsymbol{\beta}$ 可以由向量组 $\boldsymbol{\alpha}_1,\boldsymbol{\alpha}_2,\cdots,\boldsymbol{\alpha}_s$ 线性表出的充分必要条件是：以 $\boldsymbol{\alpha}_1,\boldsymbol{\alpha}_2,\cdots,\boldsymbol{\alpha}_s$ 为系数列向量，以 $\boldsymbol{\beta}$ 为常数项的列向量的线性方程组有解，并且此线性方程组的一组解就是线性组合的一组系数。

例 5　判断向量 $\boldsymbol{\beta}$ 能否由向量组 $\boldsymbol{\alpha}_1,\boldsymbol{\alpha}_2,\boldsymbol{\alpha}_3,\boldsymbol{\alpha}_4$ 线性表出，若能，求出一组组合系数。其中

$$\boldsymbol{\beta}=\begin{bmatrix}1\\0\\0\\1\end{bmatrix},\boldsymbol{\alpha}_1=\begin{bmatrix}1\\0\\1\\1\end{bmatrix},\boldsymbol{\alpha}_2=\begin{bmatrix}1\\2\\3\\1\end{bmatrix},\boldsymbol{\alpha}_3=\begin{bmatrix}0\\1\\2\\0\end{bmatrix},\boldsymbol{\alpha}_4=\begin{bmatrix}2\\-1\\0\\1\end{bmatrix}$$

解　考虑以 $\boldsymbol{\alpha}_1,\boldsymbol{\alpha}_2,\boldsymbol{\alpha}_3,\boldsymbol{\alpha}_4$ 为系数列向量，以 $\boldsymbol{\beta}$ 为常数项的列向量的线性方程组

$$\begin{cases}x_1+x_2+2x_4=1\\2x_2+x_3-x_4=0\\x_1+3x_2+2x_3=0\\x_1+x_2+x_4=1\end{cases}$$

解此线性方程组，运用初等行变换，得

$$\begin{bmatrix}1&1&0&2&1\\0&2&1&-1&0\\1&3&2&0&0\\1&1&0&1&1\end{bmatrix}\xrightarrow[-r_1+r_4]{-r_1+r_3}\begin{bmatrix}1&1&0&2&1\\0&2&1&-1&0\\0&2&2&-2&-1\\0&0&0&-1&0\end{bmatrix}$$

$$\xrightarrow[-r_4]{-r_2+r_3}\begin{bmatrix}1&1&0&2&1\\0&2&1&-1&0\\0&0&1&-1&-1\\0&0&0&1&0\end{bmatrix}$$

阶梯形矩阵所对应的方程组为

$$\begin{cases}x_1+x_2+2x_4=1\\2x_2+x_3-x_4=0\\x_3-x_4=-1\\x_4=0\end{cases}$$

显然上述方程组有解，所以 β 可以由 $\alpha_1,\alpha_2,\alpha_3,\alpha_4$ 线性表出。

由于上述的一组解为

$$x_1=\frac{1}{2},x_2=\frac{1}{2},x_3=-1,x_4=0$$

所以

$$\beta=\frac{1}{2}\alpha_1+\frac{1}{2}\alpha_2-\alpha_3$$

例 6 试证向量组 $\alpha_1,\alpha_2,\cdots,\alpha_s$ 中任一向量 $\alpha_i=(i=1,2,\cdots,s)$ 可以由向量组线性表出。

证 因为

$$\alpha_i=0\alpha_1+0\alpha_2+\cdots+0\alpha_{i-1}+1\alpha_i+0\alpha_{i+1}+\cdots+0\alpha_n$$

所以 $\alpha_i=(i=1,2,\cdots,s)$ 可以由向量组 $\alpha_1,\alpha_2,\cdots,\alpha_s$ 线性表出。

例 7 已知 α 是 $\beta_1,\beta_2,\cdots,\beta_t$ 的线性组合，且每一个 $\beta_i(i=1,2,\cdots,t)$ 又都是 $\gamma_1,\gamma_2,\cdots,\gamma_s$ 的线性组合，证明：α 是 $\gamma_1,\gamma_2,\cdots,\gamma_s$ 的线性组合。

证 因 α 是 $\beta_1,\beta_2,\cdots,\beta_t$ 的线性组合，故存在常数 $k_i(i=1,2,\cdots,t)$ 使得

$$\alpha=\sum_{i=1}^{t}k_i\beta_i=k_1\beta_1+k_2\beta_2+\cdots+k_t\beta_t$$

又由已知条件，有

$$\beta_i=\sum_{j=1}^{s}a_{ij}\gamma_j=a_{i1}\gamma_1+a_{i2}\gamma_2+\cdots+a_{is}\gamma_s(i=1,2,\cdots,t)$$

代入上式，得

$$\alpha=\sum_{i=1}^{t}k_i(\sum_{j=1}^{s}a_{ij}\gamma_j)=\sum_{j=1}^{s}(\sum_{i=1}^{t}k_ia_{ij})\gamma_j=\sum_{j=1}^{s}b_j\gamma_j$$

式中 $b_j=\sum_{i=1}^{t}k_ia_{ij}(j=1,2,\cdots,s)$，这表明 α 是 $\gamma_1,\gamma_2,\cdots,\gamma_s$ 的线性组合。

为了叙述简便，我们特给出线性相关的概念。

二、线性相关、线性无关

定义 2 对于向量组 $\alpha_1,\alpha_2,\cdots,\alpha_s$，若存在 s 个不全为零的数 $k_1,k_2,\cdots,k_s$，使得

$$k_1\alpha_1+k_2\alpha_2+\cdots+k_s\alpha_s=\boldsymbol{O}$$

则称向量组 $\alpha_1,\alpha_2,\cdots,\alpha_s$ 线性相关；否则就称向量组 $\alpha_1,\alpha_2,\cdots,\alpha_s$ 线性无关。

例 8 试证：向量组 $\alpha_1,\alpha_2,\boldsymbol{O},\alpha_3$ 是线性相关的。

证 因为

$$0\alpha_1+0\alpha_2+k\boldsymbol{O}+0\alpha_3=\boldsymbol{O}$$

其中系数 0,0,$k(k\neq 0)$,0 不全为零,所以 $\boldsymbol{\alpha}_1,\boldsymbol{\alpha}_2,\boldsymbol{O},\boldsymbol{\alpha}_3$ 是线性相关的。

由此例可看出,包含零向量的向量组一定是线性相关的。

定义 2 还告诉我们,线性无关向量组的特点是:它只有系数全为零的线性组合才是零向量,除此以外,它不再有别的线性组合是零向量。经常利用线性无关向量组的这个特点来证明一个向量组是否线性无关。

例 9　试证三维标准单位向量组

$$\boldsymbol{\varepsilon}_1=\begin{bmatrix}1\\0\\0\end{bmatrix},\boldsymbol{\varepsilon}_2=\begin{bmatrix}0\\1\\0\end{bmatrix},\boldsymbol{\varepsilon}_3=\begin{bmatrix}0\\0\\1\end{bmatrix}$$

是线性无关的。

证　若 $k_1\boldsymbol{\varepsilon}_1+k_2\boldsymbol{\varepsilon}_2+k_3\boldsymbol{\varepsilon}_3=\boldsymbol{O}$,即

$$k_1\begin{bmatrix}1\\0\\0\end{bmatrix}+k_2\begin{bmatrix}0\\1\\0\end{bmatrix}+k_3\begin{bmatrix}0\\0\\1\end{bmatrix}=\begin{bmatrix}0\\0\\0\end{bmatrix}$$

由上式解得唯一解 $k_1=0,k_2=0,k_3=0$,可知 $\boldsymbol{\varepsilon}_1,\boldsymbol{\varepsilon}_2,\boldsymbol{\varepsilon}_3$ 线性无关。

显然,n 维标准单位向量组 $\boldsymbol{\varepsilon}_1,\boldsymbol{\varepsilon}_2,\cdots,\boldsymbol{\varepsilon}_n$ 也是线性无关的。

对于仅含一个向量的向量组,由定义 2 容易得知:

(1)单独一个零向量线性相关;

(2)单独一个非零向量线性无关。

三、线性相关性的判别

判别向量组的线性相关性,还可应用下面几个重要的结论。

定理 2　对于列向量组 $\boldsymbol{\alpha}_1,\boldsymbol{\alpha}_2,\cdots,\boldsymbol{\alpha}_s$,若齐次线性方程

$$x_1\boldsymbol{\alpha}_1+x_2\boldsymbol{\alpha}_2+\cdots+x_s\boldsymbol{\alpha}_s=\boldsymbol{O} \tag{4}$$

有非零解,则向量组 $\boldsymbol{\alpha}_1,\boldsymbol{\alpha}_2,\cdots,\boldsymbol{\alpha}_s$ 线性相关;若齐次线性方程组(4)只有唯一的零解,则向量组 $\boldsymbol{\alpha}_1,\boldsymbol{\alpha}_2,\cdots,\boldsymbol{\alpha}_s$ 线性无关。

只要将式(4)视为以 $\boldsymbol{\alpha}_1,\boldsymbol{\alpha}_2,\cdots,\boldsymbol{\alpha}_s$ 为系数列向量,以 $x_1,x_2,\cdots,x_s$ 为未知量的齐次线性方程组,就可由定义 2 直接得到定理 2 的结论。

由齐次线性方程组有非零解的充要条件易得:

推论 1　已知 n 维列向量组 $\boldsymbol{\alpha}_1,\boldsymbol{\alpha}_2,\cdots,\boldsymbol{\alpha}_s$,设矩阵

$$A=(\boldsymbol{\alpha}_1,\boldsymbol{\alpha}_2,\cdots,\boldsymbol{\alpha}_s)$$

若 $r(A)=s$,则向量组 $\boldsymbol{\alpha}_1,\boldsymbol{\alpha}_2,\cdots,\boldsymbol{\alpha}_s$ 线性无关;若 $r(A)<s$,则向量组 $\boldsymbol{\alpha}_1,\boldsymbol{\alpha}_2,\cdots,\boldsymbol{\alpha}_s$ 线性相关。

推论 2　n 个 n 维向量组 $\boldsymbol{\alpha}_1,\boldsymbol{\alpha}_2,\cdots,\boldsymbol{\alpha}_n$ 线性相关的充分必要条件是

$$|A|=0$$

其中 $A=(\alpha_1,\alpha_2,\cdots,\alpha_n)$，视 $\alpha_1,\alpha_2,\cdots,\alpha_n$ 为列向量。

也就是说，n 个 n 维向量 $\alpha_1,\alpha_2,\cdots,\alpha_n$ 线性无关的充分必要条件是 $|A|\neq 0$。

推论 3　若 n 维向量的向量组中向量的个数超过 n，则该向量组必线性相关。

例 10　判断下列向量组是线性相关还是线性无关

$$(1)\begin{cases}\alpha_1=(1,-3,2,0)^T\\ \alpha_2=(2,3,4,-1)^T\\ \alpha_3=(4,2,5,-2)^T\end{cases}\qquad (2)\begin{cases}\alpha_1=(1,-1,2,4)^T\\ \alpha_2=(0,3,1,2)^T\\ \alpha_3=(3,0,7,14)^T\\ \alpha_4=(1,2,3,-4)^T\end{cases}$$

$$(3)\begin{cases}\alpha_1=(2,3,4,1)^T\\ \alpha_2=(-2,1,-1,4)^T\\ \alpha_3=(4,-6,1,2)^T\\ \alpha_4=(9,7,-2,1)^T\\ \alpha_5=(-5,-4,-2,0)^T\end{cases}$$

解

$$(1)A=\begin{bmatrix}1&2&4\\-3&3&2\\2&4&5\\0&-1&-2\end{bmatrix}\xrightarrow[\substack{-2r_1+r_3\\-r_4}]{r_1\times 3+r_2}\begin{bmatrix}1&2&4\\0&9&14\\0&0&-3\\0&1&2\end{bmatrix}$$

$$\xrightarrow{r_2\leftrightarrow r_4}\begin{bmatrix}1&2&4\\0&1&2\\0&0&-3\\0&9&14\end{bmatrix}\xrightarrow{-9r_2+r_4}\begin{bmatrix}1&2&4\\0&1&2\\0&0&-3\\0&0&-4\end{bmatrix}$$

$$\xrightarrow{-\frac{4}{3}r_3+r_4}\begin{bmatrix}1&2&4\\0&1&2\\0&0&-3\\0&0&0\end{bmatrix}$$

因为 $r(A)=3=s$，所以 $\alpha_1,\alpha_2,\alpha_3$ 线性无关；

$$(2)A=\begin{bmatrix}1&0&3&1\\-1&3&0&2\\2&1&7&3\\4&2&14&-4\end{bmatrix}\xrightarrow[\substack{-2r_1+r_3\\-4r_1+r_4}]{r_1+r_2}\begin{bmatrix}1&0&3&1\\0&3&3&3\\0&1&1&1\\0&2&2&-8\end{bmatrix}$$

$$\xrightarrow[-2r_3+r_4]{r_3\leftrightarrow r_2}\begin{bmatrix}1&0&3&1\\0&1&1&1\\0&3&3&3\\0&0&0&-10\end{bmatrix}\xrightarrow[r_3\leftrightarrow r_4]{-3r_2+r_3}\begin{bmatrix}1&0&3&1\\0&1&1&1\\0&0&0&-10\\0&0&0&0\end{bmatrix}$$

因为 $r(A)=3,s=4$,所以 $r<s$,因此 $\boldsymbol{\alpha}_1,\boldsymbol{\alpha}_2,\boldsymbol{\alpha}_3,\boldsymbol{\alpha}_4$ 线性相关;

(3)由推论 3 知,5 个四维向量一定是线性相关的。

例 11　设有四维向量组 $\boldsymbol{\alpha}_1=(a_1,a_2,a_3,a_4)^T$,$\boldsymbol{\alpha}_2=(b_1,b_2,b_3,b_4)^T$,$\boldsymbol{\alpha}_3=(c_1,c_2,c_3,c_4)^T$ 线性无关。试证:在每个向量中添加一个分量,得到的五维向量组

$$\boldsymbol{\beta}_1=(a_1,a_2,a_3,a_4,a_5)^T$$
$$\boldsymbol{\beta}_2=(b_1,b_2,b_3,b_4,b_5)^T$$
$$\boldsymbol{\beta}_2=(c_1,c_2,c_3,c_4,c_5)^T$$

也线性无关。

证　因为 $\boldsymbol{\alpha}_1,\boldsymbol{\alpha}_2,\boldsymbol{\alpha}_3$ 线性无关,所以相应的齐次线性方程组

$$\begin{cases}a_1x_1+b_1x_2+c_1x_3=0\\a_2x_1+b_2x_2+c_2x_3=0\\a_3x_1+b_3x_2+c_3x_3=0\\a_4x_1+b_4x_2+c_4x_3=0\end{cases}\tag{1}$$

只有零解。考虑 $\boldsymbol{\beta}_1,\boldsymbol{\beta}_2,\boldsymbol{\beta}_3$ 相应的齐次线性方程组

$$\begin{cases}a_1x_1+b_1x_2+c_1x_3=0\\a_2x_1+b_2x_2+c_2x_3=0\\a_3x_1+b_3x_2+c_3x_3=0\\a_4x_1+b_4x_2+c_4x_3=0\\a_5x_1+b_5x_2+c_5x_3=0\end{cases}\tag{2}$$

显然,方程组(2)的每个解都是方程组(1)的解。既然(1)只有零解,所以(2)也只有零解,从而 $\boldsymbol{\beta}_1,\boldsymbol{\beta}_2,\boldsymbol{\beta}_3$ 线性无关。

用同样的方法可把此结论推广到一般情形,即有

定理 3　若 n 维向量组 $\boldsymbol{\alpha}_1,\boldsymbol{\alpha}_2,\cdots,\boldsymbol{\alpha}_s$ 线性无关,则在每个向量中添加 m 个分量,得到的 $n+m$ 维向量组 $\boldsymbol{\beta}_1,\boldsymbol{\beta}_2,\cdots,\boldsymbol{\beta}_s$ 也线性无关。

定理 4　向量组 $\boldsymbol{\alpha}_1,\boldsymbol{\alpha}_2,\cdots,\boldsymbol{\alpha}_s(s>2)$ 线性相关的充分必要条件是:其中至少有一个向量可以由其余向量线性表出。

证　必要性

已知向量组 $\boldsymbol{\alpha}_1,\boldsymbol{\alpha}_2,\cdots,\boldsymbol{\alpha}_s$ 线性相关,由定义 2 知,有一组不全为零的数 k_1,

$k_2,\cdots,k_s$，使得等式

$$k_1\boldsymbol{\alpha}_1+k_2\boldsymbol{\alpha}_2+\cdots+k_s\boldsymbol{\alpha}_s=\boldsymbol{O} \tag{3}$$

成立，不妨设 $k_i\neq0$，由(3)式移项得

$$-k_i\boldsymbol{\alpha}_i=k_1\boldsymbol{\alpha}_1+k_2\boldsymbol{\alpha}_2+\cdots+k_{i-1}\boldsymbol{\alpha}_{i-1}+k_{i+1}\boldsymbol{\alpha}_{i+1}+\cdots+k_s\boldsymbol{\alpha}_s$$

即

$$\boldsymbol{\alpha}_i=-\frac{k_1}{k_i}\boldsymbol{\alpha}_1-\frac{k_2}{k_i}\boldsymbol{\alpha}_2-\cdots-\frac{k_{i-1}}{k_i}\boldsymbol{\alpha}_{i-1}-\frac{k_{i+1}}{k_i}\boldsymbol{\alpha}_{i+1}-\cdots-\frac{k_s}{k_i}\boldsymbol{\alpha}_s$$

这说明 $\boldsymbol{\alpha}_i$ 可以由其余向量线性表出。

充分性

已知向量组 $\boldsymbol{\alpha}_1,\boldsymbol{\alpha}_2,\cdots,\boldsymbol{\alpha}_s(s>2)$中有一个向量 $\boldsymbol{\alpha}_j$ 可以由其余向量线性表出，即

$$\boldsymbol{\alpha}_j=k'_1\boldsymbol{\alpha}_1+k'_2\boldsymbol{\alpha}_2+\cdots+k'_{j-1}\boldsymbol{\alpha}_{j-1}+k'_{j+1}\boldsymbol{\alpha}_{j+1}+\cdots+k'_s\boldsymbol{\alpha}_s$$

移项得

$$\boldsymbol{O}=k'_1\boldsymbol{\alpha}_1+k'_2\boldsymbol{\alpha}_2+\cdots+k'_{j-1}\boldsymbol{\alpha}_{j-1}-\boldsymbol{\alpha}_j+k'_{j+1}\boldsymbol{\alpha}_{j+1}+\cdots+k'_s\boldsymbol{\alpha}_s$$

因为 $k'_1,k'_2,\cdots,k'_{j-1},-1,k'_{j+1},\cdots,k'_s$，中至少有一个 $-1\neq0$，所以，$\boldsymbol{\alpha}_1,\boldsymbol{\alpha}_2,\cdots,\boldsymbol{\alpha}_s$ 线性相关。

例 12 设向量组 $\boldsymbol{\alpha}_1,\boldsymbol{\alpha}_2,\cdots,\boldsymbol{\alpha}_s$ 线性无关，而向量组 $\boldsymbol{\alpha}_1,\boldsymbol{\alpha}_2,\cdots,\boldsymbol{\alpha}_s,\boldsymbol{\beta}$ 线性相关，证明 $\boldsymbol{\beta}$ 一定可以由 $\boldsymbol{\alpha}_1,\boldsymbol{\alpha}_2,\cdots,\boldsymbol{\alpha}_s$ 线性表出。

证 因为 $\boldsymbol{\alpha}_1,\boldsymbol{\alpha}_2,\cdots,\boldsymbol{\alpha}_s,\boldsymbol{\beta}$ 线性相关，由定义 2 知，存在不全为零的数 k_1，$k_2,\cdots,k_s,k_{s+1}$使得

$$k_1\boldsymbol{\alpha}_1+k_2\boldsymbol{\alpha}_2+\cdots+k_s\boldsymbol{\alpha}_s+k_{s+1}\boldsymbol{\beta}=\boldsymbol{O}$$

假设 $k_{s+1}=0$，则上式变成为

$$k_1\boldsymbol{\alpha}_1+k_2\boldsymbol{\alpha}_2+\cdots+k_s\boldsymbol{\alpha}_s=\boldsymbol{O}$$

从而有 $k_1,k_2,\cdots,k_s$ 不全为零，这与 $\boldsymbol{\alpha}_1,\boldsymbol{\alpha}_2,\cdots,\boldsymbol{\alpha}_s$ 线性无关相矛盾，因此 $k_{s+1}\neq0$，于是

$$\boldsymbol{\beta}=-\frac{k_1}{k_{s+1}}\boldsymbol{\alpha}_1-\frac{k_2}{k_{s+1}}\boldsymbol{\alpha}_2-\cdots-\frac{k_s}{k_{s+1}}\boldsymbol{\alpha}_s$$

即 $\boldsymbol{\beta}$ 可以由 $\boldsymbol{\alpha}_1,\boldsymbol{\alpha}_2,\cdots,\boldsymbol{\alpha}_s$ 线性表出。

第四节 向量组的秩

本节讨论一个向量组线性相关时，如何用尽可能少的向量去代表全组向量？为此，我们引入向量组的等价和极大线性无关组的概念。

一、向量组的等价关系

定义 1　设有两个向量组

$$A=\{\boldsymbol{\alpha}_1,\boldsymbol{\alpha}_2,\cdots,\boldsymbol{\alpha}_r\},B=\{\boldsymbol{\beta}_1,\boldsymbol{\beta}_2,\cdots,\boldsymbol{\beta}_s\}$$

如果向量组 A 中的每个向量都能由向量组 B 中的向量线性表示，则称向量组 A 能由向量组 B 线性表示。如果向量组 A 能由向量组 B 线性表示，且向量组 B 也能由向量组 A 线性表示，则称向量组 A 与向量组 B 等价。

例 1　设有向量组 A

$$\boldsymbol{\alpha}_1=(1,1,3)^T,\boldsymbol{\alpha}_2=(1,3,1)^T,\boldsymbol{\alpha}_3=(1,4,0)^T$$

和向量组 B

$$\boldsymbol{\beta}_1=(1,2,2)^T,\boldsymbol{\beta}_2=(0,-1,1)^T$$

求证向量组 A 和向量组 B 等价。

证　因为

$$\boldsymbol{\alpha}_1=\boldsymbol{\beta}_1+\boldsymbol{\beta}_2,\boldsymbol{\alpha}_2=\boldsymbol{\beta}_1-\boldsymbol{\beta}_2,\boldsymbol{\alpha}_3=\boldsymbol{\beta}_1-2\boldsymbol{\beta}_2$$

这表明向量组 A 能由向量组 B 线性表示。又因

$$\boldsymbol{\beta}_1=\boldsymbol{\alpha}_1-\boldsymbol{\alpha}_2+\boldsymbol{\alpha}_3,\boldsymbol{\beta}_2=\boldsymbol{\alpha}_2-\boldsymbol{\alpha}_3$$

这表明向量组 B 能由向量组 A 线性表示。故 $A=\{\boldsymbol{\alpha}_1,\boldsymbol{\alpha}_2,\boldsymbol{\alpha}_3\}$ 与 $B=\{\boldsymbol{\beta}_1,\boldsymbol{\beta}_2\}$ 等价。

向量组之间的等价关系具有下列三条性质：

(1)反身性：向量组 A 与向量组 A 自身等价；

(2)对称性：若向量组 A 与向量组 B 等价，则 B 与 A 等价；

(3)传递性：若向量组 A 与向量组 B 等价，向量组 B 与向量组 C 等价，则向量组 A 与向量组 C 等价。

二、极大线性无关组

定义 2　若向量组 S 中的部分向量组成的向量组 S' 满足：

(1)S' 线性无关(无关性)；

(2)S 中的每一个向量都是 S' 中向量的线性组合(极大性)，则称部分向量组 S' 为向量组 S 的一个极大线性无关组，简称极大无关组。

显然，一个线性无关向量组的极大无关组是向量组本身。

例 2　设向量组

$$\boldsymbol{\alpha}_1=\begin{bmatrix}1\\2\end{bmatrix},\boldsymbol{\alpha}_2=\begin{bmatrix}3\\7\end{bmatrix},\boldsymbol{\alpha}_3=\begin{bmatrix}1\\3\end{bmatrix}$$

因 $\boldsymbol{\alpha}_1,\boldsymbol{\alpha}_2$ 线性无关，而 $\boldsymbol{\alpha}_1,\boldsymbol{\alpha}_2,\boldsymbol{\alpha}_3$ 都是 $\boldsymbol{\alpha}_1,\boldsymbol{\alpha}_2$ 的线性组合：

$$\alpha_1=1\alpha_1+0\alpha_2$$
$$\alpha_2=0\alpha_1+1\alpha_2$$
$$\alpha_3=(-2)\alpha_1+\alpha_2$$

所以$\{\alpha_1,\alpha_2\}$为向量组$\{\alpha_1,\alpha_2,\alpha_3\}$的一个极大无关组。同理$\{\alpha_2,\alpha_3\}$也是向量组$\{\alpha_1,\alpha_2,\alpha_3\}$的一个极大无关组；$\{\alpha_1,\alpha_3\}$亦是向量组$\{\alpha_1,\alpha_2,\alpha_3\}$的极大无关组。

例 3 已知向量组 $\alpha_1,\alpha_2,\alpha_3,\alpha_4$ 其中

$$\alpha_1=\begin{bmatrix}1\\1\\0\\1\end{bmatrix},\alpha_2=\begin{bmatrix}1\\1\\1\\0\end{bmatrix},\alpha_3=\begin{bmatrix}3\\3\\0\\3\end{bmatrix},\alpha_4=\begin{bmatrix}4\\4\\4\\0\end{bmatrix}$$

易见$\{\alpha_1,\alpha_2\}$为此向量组的一个极大无关组，$\{\alpha_1,\alpha_4\}$，$\{\alpha_3,\alpha_4\}$和$\{\alpha_2,\alpha_3\}$也都是此向量组的一个极大无关组。而除此以外的其他部分向量组都不是此向量组的一个极大无关组，如$\{\alpha_1\}$，α_1 是线性无关的，但 α_2 却不能由 α_1 线性表出；如$\{\alpha_1,\alpha_3\}$，因 α_1,α_3 线性相关；又如$\{\alpha_1,\alpha_2,\alpha_3\}$，也因为 $\alpha_1,\alpha_2,\alpha_3$ 线性相关，所以它们都不是此向量组的一个极大无关组。

通过上面两个例子我们看到，一个向量组可以有不止一个极大无关组，但极大无关组中所包含的向量个数却是相同的。于是有如下定理：

定理 1 对于一个向量组，其所有极大无关组所含向量的个数都相同。

定义 3 对于向量组 S，其极大无关组所含向量的个数称为向量组 S 的秩。

对于一个向量组，一般情况下如何求它的秩和极大无关组呢？我们将在下面讨论这个问题。

例 4 考虑构成上三角形矩阵

$$A=\begin{bmatrix}a_{11} & a_{12} & \cdots & a_{1n}\\0 & a_{22} & \cdots & a_{2n}\\\vdots & \vdots & & \vdots\\0 & 0 & \cdots & a_{nn}\end{bmatrix}\quad(a_{ii}\neq0,i=1,2,\cdots,n)$$

的 n 个列向量所构成的向量组的秩。

由于 $r(A)=n$，所以这 n 个列向量是线性无关的，故这向量组的秩为 n。

例 5 例如下列阶梯形矩阵

$$A=\begin{bmatrix}a_{11} & a_{12} & a_{13} & a_{14} & a_{15} & a_{16}\\0 & 0 & a_{23} & a_{24} & a_{25} & a_{26}\\0 & 0 & 0 & a_{34} & a_{35} & a_{36}\\0 & 0 & 0 & 0 & 0 & a_{46}\end{bmatrix}$$

显然,列向量组

$$\begin{bmatrix} a_{11} \\ 0 \\ 0 \\ 0 \end{bmatrix}, \begin{bmatrix} a_{13} \\ a_{23} \\ 0 \\ 0 \end{bmatrix}, \begin{bmatrix} a_{14} \\ a_{24} \\ a_{34} \\ 0 \end{bmatrix}, \begin{bmatrix} a_{16} \\ a_{26} \\ a_{36} \\ a_{46} \end{bmatrix}$$

是线性无关的,而若再加上一个向量就是线性相关的,因此这 6 个列向量构成的向量组的秩为 4,也就是矩阵 A 的秩,而极大无关组就是上述列向量组。

上例的结论对于一般的阶梯形矩阵是成立的。当矩阵不是阶梯形矩阵时,又如何求呢?我们知道,任何一个矩阵都可以通过初等行变换化为阶梯形矩阵。因此,有下列结论。

定理 2　列向量组通过初等行变换不改变线性相关性。

证　由定义,向量组$\{\alpha_1,\alpha_2,\cdots,\alpha_k\}$的线性相关性由

$$(\alpha_1,\alpha_2,\cdots,\alpha_k)X=\boldsymbol{O}$$

是否有非零解决定。

现经过初等行变换

$$(\alpha_1,\alpha_2,\cdots,\alpha_k)\xrightarrow{\text{初等变换}}(\beta_1,\beta_2,\cdots,\beta_k)$$

由第一节定理 1 知

$$(\alpha_1,\alpha_2,\cdots,\alpha_k)X=\boldsymbol{O}$$

和

$$(\beta_1,\beta_2,\cdots,\beta_k)X=\boldsymbol{O}$$

为同解方程组,所以向量组$\{\alpha_1,\alpha_2,\cdots,\alpha_k\}$和向量组$\{\beta_1,\beta_2,\cdots,\beta_k\}$的线性相关性相同。

至此,我们一方面知道可以用初等行变换来求列向量组的秩和极大无关组,另一方面又对矩阵的秩有了新的了解,即矩阵的秩就是列向量组的极大无关组所含向量的个数,又知 $r(A)=r(A^T)$,因此有下面的定理:

定理 3　矩阵 A 的秩=矩阵 A 的列向量组的秩=矩阵 A 的行向量组的秩。

因此,求一个向量组的秩与极大无关组的具体步骤如下:

(1)将这些向量作为矩阵的列构成一个矩阵;

(2)用初等行变换将其化为阶梯形矩阵,则阶梯形矩阵中非零行的行数即为向量组的秩;

(3)首非零元所在列对应的原来的向量组即为极大无关组。

例 6　设向量组

$$\boldsymbol{\alpha}_1=\begin{bmatrix}1\\-1\\2\\4\end{bmatrix},\boldsymbol{\alpha}_2=\begin{bmatrix}0\\3\\1\\2\end{bmatrix},\boldsymbol{\alpha}_3=\begin{bmatrix}3\\0\\7\\14\end{bmatrix},\boldsymbol{\alpha}_4=\begin{bmatrix}2\\1\\5\\6\end{bmatrix},\boldsymbol{\alpha}_5=\begin{bmatrix}1\\-1\\2\\0\end{bmatrix},$$

求向量组的秩及其一个极大无关组。

解 设矩阵 $A=(\boldsymbol{\alpha}_1,\boldsymbol{\alpha}_2,\boldsymbol{\alpha}_3,\boldsymbol{\alpha}_4,\boldsymbol{\alpha}_5)$，用初等行变换把 A 化为阶梯形矩阵

$$A=\begin{bmatrix}1&0&3&2&1\\-1&3&0&1&-1\\2&1&7&5&2\\4&2&14&6&0\end{bmatrix}\xrightarrow[\substack{-2r_1+r_3\\-4r_1+r_4}]{r_1+r_2}\begin{bmatrix}1&0&3&2&1\\0&3&3&3&0\\0&1&1&1&0\\0&2&2&-2&-4\end{bmatrix}$$

$$\xrightarrow[-\frac{2}{3}r_2+r_4]{-\frac{1}{3}r_2+r_3}\begin{bmatrix}1&0&3&2&1\\0&3&3&3&0\\0&0&0&0&0\\0&0&0&-4&-4\end{bmatrix}$$

$$\xrightarrow{r_3\leftrightarrow r_4}\begin{bmatrix}1&0&3&2&1\\0&3&3&3&0\\0&0&0&-4&-4\\0&0&0&0&0\end{bmatrix}$$

由定理 3 知，向量组$\{\boldsymbol{\alpha}_1,\boldsymbol{\alpha}_2,\boldsymbol{\alpha}_3,\boldsymbol{\alpha}_4,\boldsymbol{\alpha}_5\}$的秩为 3，且$\{\boldsymbol{\alpha}_1,\boldsymbol{\alpha}_2,\boldsymbol{\alpha}_4\}$为其中一个极大无关组。

例 7 设

$$A=(\boldsymbol{\alpha}_1,\boldsymbol{\alpha}_2,\boldsymbol{\alpha}_3,\boldsymbol{\alpha}_4,\boldsymbol{\alpha}_5,\boldsymbol{\alpha}_6,\boldsymbol{\alpha}_7)=\begin{bmatrix}1&1&3&1&2&4&4\\0&0&1&0&0&2&2\\0&1&1&1&3&5&6\\1&0&0&1&2&2&3\end{bmatrix}$$

求 A 的列向量组的一个极大无关组，并求出其余列向量由此极大无关组线性表出的表达式。

解 因为

$$A\xrightarrow{-r_1+r_4}\begin{bmatrix}1&1&3&1&2&4&4\\0&0&1&0&0&2&2\\0&1&1&1&3&5&6\\0&-1&-3&0&0&-2&-1\end{bmatrix}$$

$$\xrightarrow{r_2 \leftrightarrow r_3}\begin{bmatrix}1 & 1 & 3 & 1 & 2 & 4 & 4\\0 & 1 & 1 & 1 & 3 & 5 & 6\\0 & 0 & 1 & 0 & 0 & 2 & 2\\0 & -1 & -3 & 0 & 0 & -2 & -1\end{bmatrix}$$

$$\xrightarrow{r_2+r_4}\begin{bmatrix}1 & 1 & 3 & 1 & 2 & 4 & 4\\0 & 1 & 1 & 1 & 3 & 5 & 6\\0 & 0 & 1 & 0 & 0 & 2 & 2\\0 & 0 & -2 & 1 & 3 & 3 & 5\end{bmatrix}$$

$$\xrightarrow{2r_3+r_4}\begin{bmatrix}1 & 1 & 3 & 1 & 2 & 4 & 4\\0 & 1 & 1 & 1 & 3 & 5 & 6\\0 & 0 & 1 & 0 & 0 & 2 & 2\\0 & 0 & 0 & 1 & 3 & 7 & 9\end{bmatrix}$$

由此可知,列向量组的秩为 4,而向量组

$$\alpha_1=\begin{bmatrix}1\\0\\0\\1\end{bmatrix},\alpha_2=\begin{bmatrix}1\\0\\1\\0\end{bmatrix},\alpha_3=\begin{bmatrix}3\\1\\1\\0\end{bmatrix},\alpha_4=\begin{bmatrix}1\\0\\1\\1\end{bmatrix}$$

为一个极大无关组。

为求线性表达式,可逐个求解。令

$$\alpha_5=\lambda_1\alpha_1+\lambda_2\alpha_2+\lambda_3\alpha_3+\lambda_4\alpha_4$$

解得

$$\lambda_1=-1,\lambda_2=0,\lambda_3=0,\lambda_4=3,$$

所以

$$\alpha_5=-\alpha_1+3\alpha_4$$

同理可得

$$\alpha_6=-5\alpha_1-4\alpha_2+2\alpha_3+7\alpha_4$$

$$\alpha_7=-6\alpha_1-5\alpha_2+2\alpha_3+9\alpha_4$$

定理 4 向量组中每一个向量由极大无关组线性表出的表达式是唯一确定的。

证 设 $\alpha_1,\alpha_2,\cdots,\alpha_k$ 为向量组 S 的极大无关组,α 为 S 中的向量,假设

$$\alpha=\lambda_1\alpha_1+\lambda_2\alpha_2+\cdots+\lambda_k\alpha_k$$

和

$$\alpha=\mu_1\alpha_1+\mu_2\alpha_2+\cdots+\mu_k\alpha_k$$

两式相减得

$$\boldsymbol{O}=(\lambda_1-\mu_1)\boldsymbol{\alpha}_1+(\lambda_2-\mu_2)\boldsymbol{\alpha}_2+\cdots+(\lambda_k-\mu_k)\boldsymbol{\alpha}_k$$

又由于 $\boldsymbol{\alpha}_1,\boldsymbol{\alpha}_2,\cdots,\boldsymbol{\alpha}_k$ 为极大无关组,故线性无关。因此,有

$$\lambda_1-\mu_1=\lambda_2-\mu_2=\cdots=\lambda_k-\mu_k=0$$

即

$$\lambda_1=\mu_1,\lambda_2=\mu_2,\cdots,\lambda_k=\mu_k$$

第五节 线性方程组解的结构

有了向量的概念,我们再对线性方程组的解的结构进行分析。

在本章的第一节,我们已经解决了线性方程组在什么情况下有解,在什么情况下有无穷多解。那么在有无穷多解的情况下,这些解与解之间有什么关系呢?前面已经说过,方程组的一个解可以看成是一个 n 维向量,并且叫做解向量。这样方程组的全体解向量就是一个 n 维向量组,这个向量组的极大无关组的特点如何?任一解向量当然是这极大无关组的线性组合,但是我们要反过来问一问,这极大无关组的任一线性组合是否也是方程组的解向量?为此,我们先研究方程组的解向量有哪些基本性质。

一、齐次线性方程组解的结构

关于齐次线性方程组

$$AX=\boldsymbol{O} \tag{1}$$

的解,我们将已得到的结论归纳如下:

(1)当 A 为 $m\times n$ 矩阵时,方程组(1)只有唯一零解的充分必要条件为 $r(A)=n$;

(2)当 A 为 $m\times n$ 矩阵时,方程组(1)有非零解的充分必要条件为 $r(A)=r<n$,此时方程组(1)有 $n-r$ 个自由元。

下面讨论齐次线性方程组(1)解的性质。

1.若 ξ_1 和 ξ_2 为齐次线性方程组(1)的解,则 $\xi_1+\xi_2$也为(1)的解。

证 由已知条件有 $A\xi_1=\boldsymbol{O}$ 和 $A\xi_2=\boldsymbol{O}$,所以

$$A(\xi_1+\xi_2)=A\xi_1+A\xi_2=\boldsymbol{O}+\boldsymbol{O}=\boldsymbol{O}$$

2.若 ξ 为(1)的解,则对于任意实数 k,$k\xi$ 亦为(1)的解。

证 由已知条件有 $AX=\boldsymbol{O}$ 所以

$$A(k\xi)=kA\xi=k\boldsymbol{O}=\boldsymbol{O}$$

性质 1,2 可以概括起来总结为:

定理 1 若 $\xi_1,\xi_2,\cdots,\xi_s$ 是齐次线性方程组(1)的 s 个解。则它们的线性组

合

$$k_1\xi_1+k_2\xi_2+\cdots+k_s\xi_s$$

仍是齐次线性方程组(1)的解，其中 $k_1,k_2,\cdots,k_s$ 为任意常数。

由上述性质可知，当齐次线性方程组有非零解时，则它必有无穷多个解。然而，齐次线性方程组(1)的解向量是 n 维向量，线性无关的解向量的个数不可能多于 n。因而使我们想到，是否存在一个与(1)的全体解向量等价的线性无关的向量组，使得(1)的任何一个解向量都能由它们线性表出？

当齐次线性方程组(1)有非零解时，这样一组解向量必定存在。为此，我们引入齐次线性方程组的基础解系的概念。

定义 1　设 $\xi_1,\xi_2,\cdots,\xi_s$ 是齐次线性方程组 $AX=\boldsymbol{O}$ 的一组解向量，如果

(1) $\xi_1,\xi_2,\cdots,\xi_s$ 线性无关；

(2) 齐次线性方程组 $AX=\boldsymbol{O}$ 的任意一个解向量都可由 $\xi_1,\xi_1,\cdots,\xi_s$ 线性表出，则称 $\xi_1,\xi_1,\cdots,\xi_s$ 是齐次线性方程组的 $AX=\boldsymbol{O}$ 的一个基础解系。

定理 2　设 A 为 $m\times n$ 矩阵，若 $r(A)=r<n$，则齐次线性方程组 $AX=\boldsymbol{O}$ 存在一个由 $n-r$ 个线性无关的解向量 $\xi_1,\xi_2,\cdots,\xi_{n-r}$ 构成的基础解系，它们的线性组合

$$\xi=k_1\xi_1+k_2\xi_2+\cdots+k_{n-r}\xi_{n-r} \tag{2}$$

给出了齐次线性方程组 $AX=\boldsymbol{O}$ 所有解，其中 $k_1,k_2,\cdots,k_{n-r}$ 为任意常数。

证　(1)先证存在 $n-r$ 个线性无关的解向量。

由高斯消元法，对矩阵 A 作初等行变换，将它化为阶梯形矩阵 B。不失一般性，可设

$$B=\begin{bmatrix} 1 & 0 & \cdots & 0 & b_{1,r+1} & \cdots & b_{1n} \\ 0 & 1 & \cdots & 0 & b_{2,r+1} & \cdots & b_{2n} \\ \vdots & \vdots & & \vdots & \vdots & & \vdots \\ 0 & 0 & \cdots & 1 & b_{r,r+1} & \cdots & b_{rn} \\ 0 & 0 & \cdots & 0 & 0 & \cdots & 0 \\ \vdots & \vdots & & \vdots & \vdots & & \vdots \\ 0 & 0 & \cdots & 0 & 0 & \cdots & 0 \end{bmatrix}$$

则原方程组与阶梯形方程组 $BX=\boldsymbol{O}$ 同解，即

$$\begin{cases} x_1+b_{1,r+1}x_{r+1}+\cdots+b_{1n}x_n=0 \\ x_2+b_{2,r+1}x_{r+1}+\cdots+b_{2n}x_n=0 \\ \cdots\cdots\cdots\cdots\cdots\cdots\cdots\cdots \\ x_r+b_{r,r+1}x_{r+1}+\cdots+b_{rn}x_n=0 \end{cases} \tag{3}$$

是 $AX=\boldsymbol{O}$ 的同解方程组，取 $x_{r+1},x_{r+2},\cdots,x_n$ 为自由未知量，将它们分别

代以下面的 $n-r$ 组数：

$$\begin{bmatrix} x_{r+1} \\ x_{r+2} \\ \vdots \\ x_n \end{bmatrix} = \begin{bmatrix} 1 \\ 0 \\ \vdots \\ 0 \end{bmatrix}, \begin{bmatrix} 0 \\ 1 \\ \vdots \\ 0 \end{bmatrix}, \begin{bmatrix} 0 \\ 0 \\ \vdots \\ 1 \end{bmatrix}$$

可得方程组 $BX=\boldsymbol{O}$ 的 $n-r$ 个解向量：

$$\xi_1 = \begin{bmatrix} c_{11} \\ c_{21} \\ \vdots \\ c_{r1} \\ 1 \\ 0 \\ \vdots \\ 0 \end{bmatrix}, \xi_2 = \begin{bmatrix} c_{12} \\ c_{22} \\ \vdots \\ c_{r2} \\ 0 \\ 1 \\ \vdots \\ 0 \end{bmatrix}, \cdots, \xi_{n-r} = \begin{bmatrix} c_{1,n-r} \\ c_{2,n-r} \\ \vdots \\ c_{r,n-r} \\ 0 \\ 0 \\ \vdots \\ 1 \end{bmatrix}$$

不难看出 $\xi_1, \xi_2, \cdots, \xi_{n-r}$ 的截断向量组

$$\begin{bmatrix} 1 \\ 0 \\ \vdots \\ 0 \end{bmatrix}, \begin{bmatrix} 0 \\ 1 \\ \vdots \\ 0 \end{bmatrix}, \cdots, \begin{bmatrix} 0 \\ 0 \\ \vdots \\ 1 \end{bmatrix}$$

线性无关，显然，$\xi_1, \xi_2, \cdots, \xi_{n-r}$ 也线性无关。

(2)再证 $AX=\boldsymbol{O}$ 的任一解向量都可由 $\xi_1, \xi_2, \cdots, \xi_{n-r}$ 线性表出

设

$$\xi = (c_1, c_2, \cdots, c_r, k_1, k_2, \cdots, k_{n-r})^T$$

是方程组 $AX=\boldsymbol{O}$ 的一个解向量，由齐次线性方程组解的性质可知，

$$\xi^* = k_1\xi_1 + k_2\xi_2 + \cdots + k_{n-r}\xi_{n-r}$$

也是 $AX=\boldsymbol{O}$ 的解向量，所以

$$\xi - \xi^* = \begin{bmatrix} c_1 \\ c_2 \\ \vdots \\ c_r \\ k_1 \\ k_2 \\ \vdots \\ k_{n-r} \end{bmatrix} - k_1 \begin{bmatrix} c_{11} \\ c_{21} \\ \vdots \\ c_{r1} \\ 1 \\ 0 \\ \vdots \\ 0 \end{bmatrix} - k_2 \begin{bmatrix} c_{12} \\ c_{22} \\ \vdots \\ c_{r2} \\ 0 \\ 1 \\ \vdots \\ 0 \end{bmatrix} - \cdots - k_{n-r} \begin{bmatrix} c_{1,n-r} \\ c_{2,n-r} \\ \vdots \\ c_{r,n-r} \\ 0 \\ 0 \\ \vdots \\ 1 \end{bmatrix} \xlongequal{\text{记作}} \begin{bmatrix} d_1 \\ d_2 \\ \vdots \\ d_r \\ 0 \\ 0 \\ \vdots \\ 0 \end{bmatrix}$$

仍是 $AX=\boldsymbol{O}$ 的一个解向量。将它代入同解的阶梯形方程组(3)中得

$$d_k=0,(k=1,2,\cdots,r)$$

从而 $\xi-\xi^*=\boldsymbol{O}$ 即

$$\xi=\xi^*=k_1\xi_1+k_2\xi_2+\cdots+k_{n-r}\xi_{n-r}$$

即齐次线性方程组(1)的任一个解都可由 $\xi_1,\xi_2,\cdots,\xi_{n-r}$ 线性表出。

由此可得，$\xi_1,\xi_2,\cdots,\xi_{n-r}$ 是齐次线性方程组 $AX=\boldsymbol{O}$ 的基础解系。

可以证明，如果齐次线性方程组(1)中，$r(A)=r$，则它的任意 $n-r$ 个线性无关的解向量都是它的一个基础解系。

形如式(2)的解称为齐次线性方程组 $AX=\boldsymbol{O}$ 的通解(也称一般解)。

定理的证明过程也给出了求齐次线性方程组基础解系的一个具体方法。需要指出的是，自由未知量的取值是自由的，故不是唯一的，而自由未知量的选取也不是唯一的。事实上，在方程组 $BX=\boldsymbol{O}$ 中，任何 r 个未知量只要它们的系数行列式不为零，其余 $n-r$ 个未知量都可选作自由未知量。因此基础解系不是唯一的，但方程组 $AX=\boldsymbol{O}$ 的任何两个基础解系是等价的，它们所含解向量的个数是唯一确定的，即含有 $n-r$ 个解向量。因而，用不同的基础解系，或者不同的自由未知量所表达的齐次线性方程组的解集是相同的。

由定理 2 还可看出齐次线性方程组解的结构的一个重要特点：

系数矩阵的秩＋基础解系含解向量的个数＝未知量的个数

例 1　求齐次线性方程组

$$\begin{cases} x_1-3x_2+x_3-2x_4=0 \\ -5x_1+x_2-2x_3+3x_4=0 \\ -x_1-11x_2+2x_3-5x_4=0 \\ 3x_1+5x_2+x_4=0 \end{cases}$$

的基础解系与通解。

解　首先将系数矩阵化成阶梯形矩阵，

$$A=\begin{bmatrix} 1 & -3 & 1 & -2 \\ -5 & 1 & -2 & 3 \\ -1 & -11 & 2 & -5 \\ 3 & 5 & 0 & 1 \end{bmatrix} \xrightarrow[\substack{r_1+r_3 \\ -3r_1+r_4}]{5r_1+r_2} \begin{bmatrix} 1 & -3 & 1 & -2 \\ 0 & -14 & 3 & -7 \\ 0 & -14 & 3 & -7 \\ 0 & 14 & -3 & 7 \end{bmatrix}$$

$$\xrightarrow[r_2+r_4]{-r_2+r_3} \begin{bmatrix} 1 & -3 & 1 & -2 \\ 0 & -14 & 3 & -7 \\ 0 & 0 & 0 & 0 \\ 0 & 0 & 0 & 0 \end{bmatrix} \xrightarrow{-\frac{1}{14}r_2} \begin{bmatrix} 1 & -3 & 1 & -2 \\ 0 & 1 & -\frac{3}{14} & \frac{1}{2} \\ 0 & 0 & 0 & 0 \\ 0 & 0 & 0 & 0 \end{bmatrix}$$

由此可知 $r(A)=2$，选 x_3, x_4 为自由元，于是

令 $x_3=1, x_4=0$，得相应的解向量

$$\xi_1=\begin{bmatrix} -\frac{5}{14} \\ \frac{3}{14} \\ 1 \\ 0 \end{bmatrix}$$

令 $x_3=0, x_4=1$，得相应的解向量

$$\xi_2=\begin{bmatrix} \frac{1}{2} \\ -\frac{1}{2} \\ 0 \\ 1 \end{bmatrix}$$

于是$\{\boldsymbol{\xi}_1, \boldsymbol{\xi}_2\}$为方程组的基础解系，其通解为

$$k_1\boldsymbol{\xi}_1+k_2\boldsymbol{\xi}_2$$

其中 k_1, k_2 为任意常数。

显而易见，用这种方法求出的齐次线性方程组的通解和第一节求出的一般解的矩阵形式是一样的。由于基础解系可有多种取法，所以通解和一般解的形式未必一样。

二、非齐次线性方程组解的结构

关于非齐次线性方程组

$$AX=B \tag{4}$$

的解，将已得到的结论归纳如下：

(1) $AX=B$ 有解的充分必要条件为 $r(A|B)=r(A)$；

(2) 当 A 为 $m\times n$ 矩阵时，若 $r(A|B)=r(A)=n$，$AX=B$ 的解唯一；

(3) 当 A 为 $m\times n$ 矩阵时，若 $r(A|B)=r(A)=r<n$，$AX=B$ 有无穷多组解，且有 $n-r$ 个自由元。

下面将重点讨论 $r(A|B)=r(A)=r<n$ 时，线性方程组 $AX=B$ 有无穷多组解的情形。

性质 1 若 ξ_1, ξ_2 为 $AX=B$ 的解，则 $\xi_1-\xi_2$ 必为 $AX=\boldsymbol{O}$ 的解。

证 因为 ξ_1, ξ_2 为 $AX=B$ 的解，所以有 $A\xi_1=B, A\xi_2=B$，于是得

$$A(\xi_1-\xi_2)=A\xi_1-A\xi_2=B-B=\boldsymbol{O}$$

性质 2　若 ξ_0 为 $AX=B$ 的解，ξ^* 为 $AX=\boldsymbol{O}$ 的解，则 $\xi_0+\xi^*$ 必为 $AX=B$ 的解。

证　因 ξ_0 为 $AX=B$ 的解，所以有 $A\xi_0=B$；又 ξ^* 为 $AX=\boldsymbol{O}$ 的解，所以有 $A\xi^*=\boldsymbol{O}$。于是

$$A(\xi_0+\xi^*)=A\xi_0+A\xi^*=B+\boldsymbol{O}=B$$

利用这两条性质可以得到：

定理 3　设 ξ_0 是非齐次线性方程组(4)的一个特解，则方程组(4)的任意一个解 ξ 都可以表示成 ξ_0 与对应的齐次线性方程组(1)的某个解 ξ^* 之和

$$\xi=\xi_0+\xi^*$$

证　把 ξ 表示为

$$\xi=\xi_0+(\xi-\xi_0)$$

令 $\xi^*=\xi-\xi_0$，由性质 1 知 ξ^* 为(1)的解。

由于齐次线性方程组(1)的解都能表示为(1)的基础解系($\xi_1,\xi_2,\cdots,\xi_{n-r}$)的线性组合，因此定理 3 即说明非齐次线性方程组(4)的每个解 ξ 都能表示为

$$\xi=k_1\xi_1+k_2\xi_2+\cdots+k_{n-r}\xi_{n-r}+\xi_0$$

其中 ξ_0 是(4)的一个任意解(今后称 ξ_0 是(4)的特解)。反之，对于任意一组数 $k_1,k_2,\cdots,k_{n-r}$，因 $k_1\xi_1+k_2\xi_2+\cdots+k_{n-r}\xi_{n-r}$是(1)的解，所以由性质 2 知

$$k_1\xi_1+k_2\xi_2+\cdots+k_{n-r}\xi_{n-r}+\xi_0$$

一定是(4)的解。

这样，非齐次线性方程组(4)的解的结构就很清楚了，我们把它归结如下

定理 4　非齐次线性方程组

$$AX=B$$

当 $r(A|B)=r(A)=r<n$ 时，若 ξ_0 为线性方程组 $AX=B$ 的一个特解，$\xi_1,\xi_2,\cdots,\xi_{n-r}$为相应的齐次线性方程组

$$AX=\boldsymbol{O}$$

的基础解系，则方程组 $AX=B$ 的全部解为

$$k_1\xi_1+k_2\xi_2+\cdots+k_{n-r}\xi_{n-r}+\xi_0 \tag{5}$$

其中 $k_1,k_2,\cdots,k_{n-r}$，为任意常数。

今后把(5)式称为非齐次线性方程组 $AX=B$ 的通解。简而言之，非齐次线性方程组的一个特解加上相应的齐次线性方程组的通解即为非齐次线性方程组的通解。

求非齐次线性方程组 $AX=B$(其中 A 为 $m\times n$ 矩阵)通解的一般步骤是：

(1)将增广矩阵$(A|B)$通过初等行变换化为阶梯形矩阵。

(2)当 $r(A|B)=r(A)=r$ 时，把不是首非零元所在列对应的 $n-r$ 个变量作

为自由元。

(3)令所有自由元为零,求得 $AX=B$ 的一个特解 ξ_0。

(4)不计最后一列,分别令一个自由元为1,其余自由元为零,得到 $AX=\boldsymbol{O}$ 的基础解系 $\xi_1,\xi_2,\cdots,\xi_{n-r}$。

(5)写出非齐次线性方程组 $AX=B$ 的通解。

$$\xi=k_1\xi_1+k_2\xi_2+\cdots+k_{n-r}\xi_{n-r}+\xi_0$$

其中 $k_1,k_2,\cdots,k_{n-r}$ 为任意常数。

例2 求线性方程组的通解

$$\begin{cases} x_1+x_2+x_3+x_4+x_5=7 \\ 3x_1+2x_2+x_3+x_4-3x_5=-2 \\ x_2+2x_3+2x_4+6x_5=23 \\ 5x_1+4x_2+3x_3+3x_4-5x_5=12 \end{cases}$$

解

$$(A|B)=\begin{bmatrix} 1 & 1 & 1 & 1 & 1 & 7 \\ 3 & 2 & 1 & 1 & -3 & -2 \\ 0 & 1 & 2 & 2 & 6 & 23 \\ 5 & 4 & 3 & 3 & -5 & 12 \end{bmatrix} \xrightarrow[-5r_1+r_4]{-3r_1+r_2}$$

$$\begin{bmatrix} 1 & 1 & 1 & 1 & 1 & 7 \\ 0 & -1 & -2 & -2 & -6 & -23 \\ 0 & 1 & 2 & 2 & 6 & 23 \\ 0 & -1 & -2 & -2 & -10 & -23 \end{bmatrix} \xrightarrow[-r_2+r_4]{r_2+r_3}$$

$$\begin{bmatrix} 1 & 1 & 1 & 1 & 1 & 7 \\ 0 & -1 & -2 & -2 & -6 & -23 \\ 0 & 0 & 0 & 0 & 0 & 0 \\ 0 & 0 & 0 & 0 & -4 & 0 \end{bmatrix} \xrightarrow[r_3\leftrightarrow r_4\times\left(-\frac{1}{4}\right)]{-r_2}$$

$$\begin{bmatrix} 1 & 1 & 1 & 1 & 1 & 7 \\ 0 & 1 & 2 & 2 & 6 & 23 \\ 0 & 0 & 0 & 0 & 1 & 0 \\ 0 & 0 & 0 & 0 & 0 & 0 \end{bmatrix}$$

由于 $r(A|B)=r(A)=3<5$,因此线性方程组有无穷多解,取 x_3,x_4 为自由元。

令 $x_3=x_4=0$,得特解:

$$\xi_0=(-16,23,0,0,0)^T$$

不计最后一列,令 $x_3=1,x_4=0$,得

$$\xi_1=(1,-2,1,0,0)^T$$

令 $x_3=0, x_4=1$，得

$$\xi_2=(1,-2,0,1,0)^T$$

于是所求通解为

$$k_1\xi_1+k_2\xi_2+\xi_0=k_1\begin{bmatrix}1\\-2\\1\\0\\0\end{bmatrix}+k_2\begin{bmatrix}1\\-2\\0\\1\\0\end{bmatrix}+\begin{bmatrix}-16\\23\\0\\0\\0\end{bmatrix}$$

其中 k_1,k_2 为任意常数。

例 3　设非齐次线性方程组

$$\begin{cases}x_1+ax_2+x_3=5\\x_1+x_2+bx_3=4\\x_1+x_2+2bx_3=7\end{cases}$$

试就 a,b 讨论方程组解的情况。若有解，求出解。

解　将方程组的增广矩阵作初等行变换

$$(A|B)=\begin{bmatrix}1&a&1&5\\1&1&b&4\\1&1&2b&7\end{bmatrix}\xrightarrow[-r_1+r_3]{-r_1+r_2}\begin{bmatrix}1&a&1&5\\0&1-a&b-1&-1\\0&1-a&2b-1&2\end{bmatrix}$$

$$\xrightarrow{-r_2+r_3}\begin{bmatrix}1&a&1&5\\0&1-a&b-1&-1\\0&0&b&3\end{bmatrix}$$

(1)若 $b\neq0$ 且 $a\neq1$，则 $r(A|B)=r(A)=3$，故方程组有唯一解，且解为

$$x_1=\frac{5b-ab-3}{b(1-a)}, x_2=\frac{3-4b}{b(1-a)}, x_3=\frac{3}{b}$$

(2)若 $b=\frac{3}{4}$ 且 $a=1$，则方程组有无穷多解，此时阶梯形矩阵为

$$(A|B)=\begin{bmatrix}1&1&1&5\\0&0&-\frac{1}{4}&-1\\0&0&\frac{3}{4}&3\end{bmatrix}\xrightarrow[-4r_2]{3r_2+r_3}\begin{bmatrix}1&1&1&5\\0&0&1&4\\0&0&0&0\end{bmatrix}$$

求得方程组的通解为

$$\xi=\begin{bmatrix}1\\0\\4\end{bmatrix}+k\begin{bmatrix}-1\\1\\0\end{bmatrix}$$

其中 k 为任意常数。

(3)若 $a=1$，且 $b\neq\frac{3}{4}$，则 $r(A)=2$，$r(A|B)=3$，所以方程组无解。

(4)若 $b=0$，显然方程组无解。

习题三

1. 解下列线性方程组

(1)$\begin{cases}4x_1+2x_2-x_3=2\\3x_1-x_2+2x_3=10\\11x_1+x_2=8\end{cases}$　　(2)$\begin{cases}2x_1+3x_2+x_3=4\\x_1-2x_2+4x_3=-5\\3x_1+8x_2-2x_3=13\\4x_1-x_2+9x_3=-16\end{cases}$

(3)$\begin{cases}2x_1+x_2-x_3+x_4=1\\3x_1-2x_2+x_3-3x_4=4\\x_1+4x_2-3x_3+5x_4=-2\end{cases}$　　(4)$\begin{cases}3x_1-5x_2+x_3-2x_4=0\\2x_1+3x_2-5x_3+x_4=0\\-x_1+7x_2-4x_3+3x_4=0\\4x_1+15x_2-7x_3+9x_4=0\end{cases}$

2. 不解线性方程组，判定下列线性方程组的相容性以及相容时解的个数

(1)$\begin{bmatrix}2&1&1\\1&3&1\\1&1&5\\2&1&-3\end{bmatrix}\begin{bmatrix}x_1\\x_2\\x_3\end{bmatrix}=\begin{bmatrix}2\\5\\-7\\14\end{bmatrix}$

(2)$\begin{bmatrix}1&-1&3&-1\\2&-1&1&4\\0&0&-4&5\end{bmatrix}\begin{bmatrix}x_1\\x_2\\x_3\\x_4\end{bmatrix}=\begin{bmatrix}1\\2\\-2\end{bmatrix}$

(3)$\begin{bmatrix}2&1&-1&1\\3&-2&2&-3\\5&1&-1&2\\2&-1&1&-3\end{bmatrix}\begin{bmatrix}x_1\\x_2\\x_3\\x_4\end{bmatrix}=\begin{bmatrix}1\\2\\-1\\4\end{bmatrix}$

3. 设线性方程组

$$\begin{cases}x_1+x_2+x_3+x_4+x_5=1\\3x_1+2x_2+x_3+x_4-3x_5=a\\x_2+2x_3+2x_4+6x_5=3\\5x_1+4x_2+3x_3+3x_4-x_5=b\end{cases}$$

问 a,b 为何值时方程组相容

4. 求满足下列等式的向量 $\boldsymbol{\alpha}$

$$3(\boldsymbol{\alpha}_1-\boldsymbol{\alpha})+2(\boldsymbol{\alpha}_2-\boldsymbol{\alpha})=5(\boldsymbol{\alpha}_3+\boldsymbol{\alpha})$$

其中 $\boldsymbol{\alpha}_1=(2,5,1,3)$，$\boldsymbol{\alpha}_2=(10,1,5,10)$，$\boldsymbol{\alpha}_3=(4,1,-1,1)$。

5. 假定 $\boldsymbol{\alpha}_1,\boldsymbol{\alpha}_2,\cdots,\boldsymbol{\alpha}_m,\boldsymbol{\beta}_1,\boldsymbol{\beta}_2,\cdots,\boldsymbol{\beta}_m$ 是 $2m$ 个 n 维向量，如果只有当 $k_1=k_2=\cdots=k_m=0$ 时，$k_1\boldsymbol{\alpha}_1+k_2\boldsymbol{\alpha}_2+\cdots+k_m\boldsymbol{\alpha}_m+k_1\boldsymbol{\beta}_1+k_2\boldsymbol{\beta}_2+\cdots+k_m\boldsymbol{\beta}_m=\boldsymbol{O}$，才成立，试问 $\boldsymbol{\alpha}_1,\boldsymbol{\alpha}_2,\cdots,\boldsymbol{\alpha}_m,\boldsymbol{\beta}_1,\boldsymbol{\beta}_2,\cdots,\boldsymbol{\beta}_m$ 是否线性无关。

6. 判断下列向量组是否线性相关：

(1) $\begin{cases}\boldsymbol{\alpha}_1=(1,5)\\\boldsymbol{\alpha}_2=(1,3)\\\boldsymbol{\alpha}_3=(-1,-7)\end{cases}$　　(2) $\begin{cases}\boldsymbol{\alpha}_1=(1,1,1)\\\boldsymbol{\alpha}_2=(1,2,5)\\\boldsymbol{\alpha}_3=(2,3,5)\end{cases}$

(3) $\begin{cases}\boldsymbol{\alpha}_1=(2,-1,7,3)\\\boldsymbol{\alpha}_2=(1,4,11,-2)\\\boldsymbol{\alpha}_3=(3,-6,3,8)\end{cases}$　　(4) $\begin{cases}\boldsymbol{\alpha}_1=(1,5,-1,0)\\\boldsymbol{\alpha}_2=(2,0,1,-3)\\\boldsymbol{\alpha}_3=(3,2,0,-1)\\\boldsymbol{\alpha}_4=(-3,1,0,-1)\end{cases}$

(5) $\begin{cases}\boldsymbol{\alpha}_1=(1,a_1,a_1^2,\cdots,a_1^{n-1})\\\boldsymbol{\alpha}_2=(1,a_2,a_2^2,\cdots,a_2^{n-1})\\\cdots\\\boldsymbol{\alpha}_k=(1,a_k,a_k^2,\cdots,a_k^{n-1})\end{cases}$　其中 $k\leqslant n$，且 $a_1,a_2,\cdots,a_k$ 是互不相同的实数。

7. 假定 $\boldsymbol{\alpha}_1,\boldsymbol{\alpha}_2,\cdots,\boldsymbol{\alpha}_s$ 线性相关，$\boldsymbol{\beta}_1,\boldsymbol{\beta}_2,\cdots,\boldsymbol{\beta}_s$ 线性相关，那么就有不全为零的数 $k_1,k_2,\cdots,k_m$，使得

$$k_1\boldsymbol{\alpha}_1+k_2\boldsymbol{\alpha}_2+\cdots+k_s\boldsymbol{\alpha}_s=\boldsymbol{O},k_1\boldsymbol{\beta}_1+k_2\boldsymbol{\beta}_2+\cdots+k_s\boldsymbol{\beta}_s=\boldsymbol{O}$$

因此，$k_1(\boldsymbol{\alpha}_1+\boldsymbol{\beta}_1)+k_2(\boldsymbol{\alpha}_2+\boldsymbol{\beta}_1)+\cdots+k_s(\boldsymbol{\alpha}_s+\boldsymbol{\beta}_s)=\boldsymbol{O}$，$\boldsymbol{\alpha}_1+\boldsymbol{\beta}_2,\boldsymbol{\alpha}_2+\boldsymbol{\beta}_2,\cdots,\boldsymbol{\alpha}_s+\boldsymbol{\beta}_s$ 也线性相关。这种证法是否正确。

8. 若 $\boldsymbol{\beta}$ 可由向量 $\boldsymbol{\alpha}_1,\boldsymbol{\alpha}_2,\cdots,\boldsymbol{\alpha}_s$ 线性表示，但不能用 $\boldsymbol{\alpha}_1,\boldsymbol{\alpha}_2,\cdots,\boldsymbol{\alpha}_{s-1}$ 线性表示，证明 $\boldsymbol{\alpha}_s$ 不可由 $\boldsymbol{\alpha}_1,\boldsymbol{\alpha}_2,\cdots,\boldsymbol{\alpha}_{s-1}$ 线性表示。

9. 若向量 $\boldsymbol{\alpha},\boldsymbol{\beta},\boldsymbol{\gamma}$ 线性无关，则向量 $\boldsymbol{\alpha}+\boldsymbol{\beta},\boldsymbol{\beta}+\boldsymbol{\gamma},\boldsymbol{\gamma}+\boldsymbol{\alpha}$ 也线性无关。

10. 若向量组 $\boldsymbol{\alpha}_1,\boldsymbol{\alpha}_2,\cdots,\boldsymbol{\alpha}_3(s\geqslant 2)$ 线性无关，作以下的线性组合：$\boldsymbol{\beta}_1=\boldsymbol{\alpha}_1+k_1\boldsymbol{\alpha}_s,\boldsymbol{\beta}_2=\boldsymbol{\alpha}_2+k_2\boldsymbol{\alpha}_s,\cdots,\boldsymbol{\beta}_{s-1}=\boldsymbol{\alpha}_{s-1}+k_{s-1}\boldsymbol{\alpha}_s$，证明 $\boldsymbol{\beta}_1,\boldsymbol{\beta}_2,\cdots,\boldsymbol{\beta}_{s-1}$ 线性无关。

11. 若向量组 $\boldsymbol{\alpha}_1,\boldsymbol{\alpha}_2,\cdots,\boldsymbol{\alpha}_s$ 中，$\boldsymbol{\alpha}_1\neq\boldsymbol{O}$ 并且每一个 $\boldsymbol{\alpha}_i$ 都不能用它前面 $\boldsymbol{\alpha}_1,\boldsymbol{\alpha}_2,\cdots,\boldsymbol{\alpha}_{i-1}$ 线性表示。证明向量 $\boldsymbol{\alpha}_1,\boldsymbol{\alpha}_2,\cdots,\boldsymbol{\alpha}_s$ 线性无关。

12. 求下列向量组的秩及其一个极大无关组，并将其余向量用极大无关组表出：

(1) $\begin{cases}\alpha_1=(6,4,1,-1,2)^T\\ \alpha_2=(1,0,2,3,4)^T\\ \alpha_3=(1,4,-9,-16,22)^T\\ \alpha_4=(7,1,0,-1,3)^T\end{cases}$　　(2) $\begin{cases}\alpha_1=(1,-1,2,4)^T\\ \alpha_2=(0,3,1,2)^T\\ \alpha_3=(3,0,7,14)^T\\ \alpha_4=(1,-1,2,0)^T\end{cases}$

(3) $\begin{cases}\alpha_1=(1,1,1)^T\\ \alpha_2=(1,1,0)^T\\ \alpha_3=(1,0,0)^T\\ \alpha_4=(1,-2,-3)^T\end{cases}$

13. 设向量组

$$\alpha_1=\begin{bmatrix}1\\-1\\2\\4\end{bmatrix}\quad \alpha_2=\begin{bmatrix}0\\3\\1\\2\end{bmatrix}\quad \alpha_3=\begin{bmatrix}3\\0\\7\\14\end{bmatrix}\quad \alpha_4=\begin{bmatrix}2\\1\\5\\6\end{bmatrix}\quad \alpha_5=\begin{bmatrix}1\\-1\\2\\0\end{bmatrix}$$

(1)证明 α_1,α_4 线性无关；

(2)求向量组包含 α_1,α_4 的极大无关组。

14. 设向量组$\{\alpha_1,\alpha_2,\cdots,\alpha_r\}$与向量组$\{\alpha_1,\alpha_2,\cdots,\alpha_r,\alpha_{r+1},\cdots,\alpha_s\}(s>r)$有相同的秩，证明：$\{\alpha_1,\alpha_2,\cdots,\alpha_r\}$与$\{\alpha_1,\alpha_2,\cdots,\alpha_r,\alpha_{r+1},\cdots,\alpha_s\}$等价。

15. 求下列齐次线性方程组的一个基础解系和通解：

(1) $\begin{cases}x_1-x_2+2x_4+x_5=0\\ 3x_1-3x_2+7x_4=0\\ x_1-x_2+2x_3+3x_4+2x_5=0\\ 2x_1-2x_2+2x_3+7x_4-3x_5=0\end{cases}$

(2) $\begin{cases}x_1-2x_2+x_3+x_4-x_5=0\\ 2x_1+x_2-x_3-x_4-x_5=0\\ x_1+7x_2-5x_3-5x_4+5x_5=0\\ 3x_1-x_2-2x_3+x_4-x_5=0\end{cases}$

(3) $\begin{cases}x_1-2x_2+x_3-x_4+x_5=0\\ 2x_1+x_2-x_3+2x_4-3x_5=0\\ 3x_1-2x_2-x_3+x_4-2x_5=0\\ 2x_1-5x_2+x_3-2x_4+2x_5=0\end{cases}$

16. 求下列线性方程组的通解：

(1) $\begin{cases} x_1+3x_2+5x_3-4x_4 \qquad =1 \\ x_1+3x_2+2x_3-2x_4+x_5=-1 \\ x_1-2x_2+x_3-x_4-x_5=3 \\ x_1-4x_2+x_3+x_4-x_5=3 \\ x_1+2x_2+x_3-x_4+x_5=-1 \end{cases}$

(2) $\begin{cases} x_1-2x_2+3x_3-4x_4=4 \\ x_2-x_3+x_4=-3 \\ x_1+3x_2+x_4=1 \\ -7x_2+3x_3+x_4=-3 \end{cases}$

(3) $\begin{cases} x+2x_2-3x_4-x_5=1 \\ x_1-x_2-3x_3+x_4-3x_5=1 \\ 2x_1-3x_2+4x_3-5x_4+2x_5=7 \\ 9x_1-9x_2+6x_3-16x_4+2x_5=25 \end{cases}$

(4) $\begin{cases} 2x_1+x_2-x_3+x_4=1 \\ 3x_1-2x_2+2x_3-3x_4=2 \\ 5x_1+x_2-x_3+2x_4=-1 \\ 2x_1-x_2+x_3-3x_4=4 \end{cases}$

(5) $\begin{cases} x_1+2x_2+3x_3-x_4=1 \\ 3x_1+2x_2+x_3-x_4=1 \\ 2x_1+3x_2+x_3+x_4=1 \\ 2x_1+2x_2+2x_3-x_4=1 \\ 5x_1+5x_2+2x_3 \qquad =2 \end{cases}$

17. 若 $\boldsymbol{\alpha}_1,\boldsymbol{\alpha}_2,\cdots,\boldsymbol{\alpha}_s$ 都是 $AX=B$ 的解，证明 $k_1\boldsymbol{\alpha}_1+k_2\boldsymbol{\alpha}_2+\cdots+k_s\boldsymbol{\alpha}_s$ 亦是 $AX=B$ 的解，其中 $k_1+k_2+\cdots+k_s=0$。

18. 若 $\boldsymbol{\alpha}_0$ 为 $AX=B$ 的解，$\boldsymbol{\alpha}_1,\boldsymbol{\alpha}_2,\cdots,\boldsymbol{\alpha}_s$ 为 $AX=0$ 的基础解系，令

$$\boldsymbol{\beta}_1=\boldsymbol{\alpha}_0+\boldsymbol{\alpha}_1,\boldsymbol{\beta}_2=\boldsymbol{\alpha}_0+\boldsymbol{\alpha}_2,\cdots,\boldsymbol{\beta}_s=\boldsymbol{\alpha}_0+\boldsymbol{\alpha}_s$$

证明：$AX=B$ 的任意个解 $\boldsymbol{\alpha}$ 均可表示为

$$\boldsymbol{\alpha}=\mu_0\boldsymbol{\alpha}_0+\mu_1\boldsymbol{\beta}_1+\mu_2\boldsymbol{\beta}_2+\cdots+\mu_s\boldsymbol{\beta}_s$$

其中 $\mu_0+\mu_1+\mu_2+\cdots+\mu_s=1$

第四章　特征值与特征向量

矩阵的特征值与特征向量是矩阵理论中最基本的概念，在许多领域有着广泛的应用。本章首先介绍特征值和特征向量的概念，同时还将讨论矩阵相似的概念，并且用它们研究矩阵与对角矩阵相似的充要条件，及将矩阵化为对角矩阵的方法，最后讨论用正交矩阵化实对称矩阵为对角矩阵的问题。

第一节　特征值与特征向量

定义　对于 n 阶方阵 A，若存在常数 λ 及非零 n 维向量 X，使得

$$AX=\lambda X \tag{1}$$

成立，则称 λ 为方阵 A 的特征值，而非零向量 X 称为方阵 A 的对应于特征值 λ 的特征向量。

例如：对于三阶矩阵

$$A=\begin{bmatrix} 3 & 3 & 2 \\ 1 & 1 & -2 \\ -3 & -1 & 0 \end{bmatrix}$$

因为

$$\begin{bmatrix} 3 & 3 & 2 \\ 1 & 1 & -2 \\ -3 & -1 & 0 \end{bmatrix}\begin{bmatrix} 1 \\ 1 \\ -1 \end{bmatrix}=\begin{bmatrix} 4 \\ 4 \\ -4 \end{bmatrix}=4\begin{bmatrix} 1 \\ 1 \\ -1 \end{bmatrix}$$

所以 4 为 A 的特征值，记为 $\lambda=4$，而列向量

$$X=\begin{bmatrix} 1 \\ 1 \\ -1 \end{bmatrix}$$

称为 A 的对应于 $\lambda=4$ 的特征向量。

显然，若 X 是方阵 A 的对应于特征值 λ 的特征向量，则 $kX(k\neq 0)$ 也是对应于 λ 的特征向量。所以特征向量不是由特征值唯一确定。反之，不同的特征值所对应的特征向量一定不相同，也就是说一个特征向量只能属于一个特征值。

下面研究求特征值与特征向量的方法：

设有 n 阶方阵

$$A=\begin{bmatrix} a_{11} & a_{12} & \cdots & a_{1n} \\ a_{21} & a_{22} & \cdots & a_{2n} \\ \vdots & \vdots & & \vdots \\ a_{n1} & a_{n2} & \cdots & a_{nn} \end{bmatrix}$$

和 n 维列向量

$$X=\begin{bmatrix} x_1 \\ x_2 \\ \vdots \\ x_n \end{bmatrix}$$

又设 λ 为方阵 A 的特征值，则(1)式具体可写成

$$\begin{bmatrix} a_{11} & a_{12} & \cdots & a_{1n} \\ a_{21} & a_{22} & \cdots & a_{2n} \\ \vdots & \vdots & & \vdots \\ a_{n1} & a_{n2} & \cdots & a_{nn} \end{bmatrix}\begin{bmatrix} x_1 \\ x_2 \\ \vdots \\ x_n \end{bmatrix}=\lambda\begin{bmatrix} x_1 \\ x_2 \\ \vdots \\ x_n \end{bmatrix}$$

应用矩阵乘法和数乘矩阵的定义得

$$\begin{cases} a_{11}x_1+a_{12}x_2+\cdots+a_{1n}x_n=\lambda x_1 \\ a_{21}x_1+a_{22}x_2+\cdots+a_{2n}x_n=\lambda x_2 \\ \cdots\cdots\cdots\cdots\cdots\cdots\cdots\cdots\cdots\cdots \\ a_{n1}x_1+a_{n2}x_2+\cdots+a_{nn}x_n=\lambda x_n \end{cases}$$

或

$$\begin{cases} (\lambda-a_{11})x_1-a_{12}x_2-\cdots-a_{1n}x_n=0 \\ -a_{21}x_1+(\lambda-a_{22})x_2-\cdots-a_{2n}x_n=0 \\ \cdots\cdots\cdots\cdots\cdots\cdots\cdots\cdots\cdots\cdots\cdots\cdots \\ -a_{n1}x_1-a_{n2}x_2-\cdots+(\lambda-a_{nn})x_n=0 \end{cases}$$

写成矩阵方程即为

$$(\lambda E-A)X=O \tag{2}$$

由于 X 为非零解向量，即方程组(2)有非零解，根据齐次线性方程组有非零解的充要条件知方程(2)的系数矩阵

$$\lambda E-A=\begin{bmatrix} \lambda-a_{11} & -a_{12} & \cdots & -a_{1n} \\ -a_{21} & \lambda-a_{22} & \cdots & -a_{2n} \\ \vdots & \vdots & & \vdots \\ -a_{n1} & -a_{n2} & \cdots & \lambda-a_{nn} \end{bmatrix}$$

的行列式

$$|\lambda E-A|=\begin{vmatrix}\lambda-a_{11} & -a_{12} & \cdots & -a_{1n}\\ -a_{21} & \lambda-a_{22} & \cdots & -a_{2n}\\ \vdots & \vdots & & \vdots\\ -a_{n1} & -a_{n2} & \cdots & \lambda-a_{nn}\end{vmatrix} \tag{3}$$

我们称矩阵 $\lambda E-A$ 为方阵 A 的特征矩阵;而行列式 $|\lambda E-A|$ 称为方阵 A 的特征多项式;方程 $|\lambda E-A|=0$ 为方阵 A 的特征方程,解特征方程求出的全部根 $\lambda_1,\lambda_2,\cdots,\lambda_n$ 称为方阵 A 的特征值或特征根(最多有 n 个,且包含重根)。

将方阵 A 的特征值 $\lambda_i(i=1,2,\cdots,n)$ 分别代入(2)式得齐次线次方程组

$$(\lambda_i E-A)X=O$$

此方程组的非零解向量 X_i 称为方阵 A 的对应于特征值 λ_i 的特征向量。

根据以上讨论可总结出求 n 阶方阵 A 的特征值和特征向量的方法步骤如下:

(1)求 A 的特征多项式 $|\lambda E-A|$,它的展开式是 λ 的 n 次多项式。

(2)求出特征方程 $|\lambda E-A|=0$ 的全部特征根 $\lambda_1,\lambda_2,\cdots,\lambda_n$,它们都是 A 的特征值。

(3)对于 A 的每一个特征值 $\lambda_i(i=1,2,\cdots,n)$,求齐次方程组 $(\lambda_i E-A)X=O$ 的一个基础解系 $X_1,X_2,\cdots,X_s$,那么 A 的对应于 λ_i 的全部特征向量为

$$k_1X_1+k_2X_2+\cdots+k_sX_s$$

其中 $k_1,k_2,\cdots,k_s$ 为不全为零的任意数。

例 1 求矩阵

$$A=\begin{bmatrix}-2 & 1 & 1\\ 0 & 2 & 0\\ -4 & 1 & 3\end{bmatrix}$$

的特征值与特征向量。

解 因为 A 的特征多项式为

$$|\lambda E-A|=\begin{vmatrix}\lambda+2 & -1 & -1\\ 0 & \lambda-2 & 0\\ 4 & -1 & \lambda-3\end{vmatrix}$$

$$=(\lambda+1)(\lambda-2)^2$$

所以 A 的特征值为 $\lambda_1=-1,\lambda_2=\lambda_3=2$。

将 $\lambda_1=-1$ 代入方程 $(\lambda E-A)X=O$,即

$$(-E-A)X=O$$

亦即

$$\begin{bmatrix}1 & -1 & -1\\ 0 & -3 & 0\\ 4 & -1 & -4\end{bmatrix}\begin{bmatrix}x_1\\ x_2\\ x_3\end{bmatrix}=\begin{bmatrix}0\\ 0\\ 0\end{bmatrix}$$

对矩阵施以行初等变换得上述方程组的同解方程组为

$$\begin{bmatrix}1 & 0 & -1\\0 & 1 & 0\\0 & 0 & 0\end{bmatrix}\begin{bmatrix}x_1\\x_2\\x_3\end{bmatrix}=\begin{bmatrix}0\\0\\0\end{bmatrix}$$

由此得它的一个基础解系为

$$X_1=\begin{bmatrix}1\\0\\1\end{bmatrix}$$

即为方阵 A 对应于 $\lambda_1=-1$ 的特征向量，而

$$k_1X_1=k_1\begin{bmatrix}1\\0\\1\end{bmatrix}$$

就是方阵 A 对应于 $\lambda_1=-1$ 的全部特征向量，其中 k_1 是不为零的常数。

将 $\lambda_2=\lambda_3=2$ 代入方程 $(\lambda E-A)X=O$ 得基础解系为

$$X_2=\begin{bmatrix}1\\4\\0\end{bmatrix},X_3=\begin{bmatrix}1\\0\\4\end{bmatrix}$$

则对应于 $\lambda_2=\lambda_3=2$ 的全部特征向量为

$$k_2X_2+k_3X_3$$

其中 k_2,k_3 为不全为零的任意数。

例 2　求矩阵 A 的特征值与特征向量

$$A=\begin{bmatrix}1 & -2 & 2\\-2 & -2 & 4\\2 & 4 & -2\end{bmatrix}$$

解　因 A 的特征多项式为

$$|\lambda E-A|=\begin{vmatrix}\lambda-1 & 2 & -2\\2 & \lambda+2 & -4\\-2 & -4 & \lambda+2\end{vmatrix}=\begin{vmatrix}\lambda-1 & 2 & -2\\2 & \lambda+2 & -4\\0 & \lambda-2 & \lambda-2\end{vmatrix}$$

$$=\begin{vmatrix}\lambda-1 & 4 & -2\\2 & \lambda+6 & -4\\0 & 0 & \lambda-2\end{vmatrix}=(\lambda-2)^2(\lambda+7)$$

所以 A 的特征值为 $\lambda_1=2$（二重），$\lambda_2=-7$

将 $\lambda_1=2$ 代入 $(\lambda E-A)X=O$ 得齐次线性方程组

$$\begin{bmatrix} 1 & 2 & -2 \\ 2 & 4 & -4 \\ -2 & -4 & 4 \end{bmatrix}\begin{bmatrix} x_1 \\ x_2 \\ x_3 \end{bmatrix}=\begin{bmatrix} 0 \\ 0 \\ 0 \end{bmatrix}$$

于是得它的基础解系为

$$X_1=\begin{bmatrix} -2 \\ 1 \\ 0 \end{bmatrix},X_2=\begin{bmatrix} 2 \\ 0 \\ 1 \end{bmatrix}$$

所以方阵 A 对应于特征值 $\lambda_1=2$ 的全部特征向量为

$$k_1X_1+k_2X_2=k_1\begin{bmatrix} -2 \\ 1 \\ 0 \end{bmatrix}+k_2\begin{bmatrix} 2 \\ 0 \\ 1 \end{bmatrix}$$

其中 k_1,k_2 为不全为零的任意常数。

将 $\lambda_2=-7$ 代入 $(\lambda E-A)X=O$,得基础解系为

$$X_3=\begin{bmatrix} 1 \\ 2 \\ -2 \end{bmatrix}$$

于是 A 对应于 $\lambda_2=-7$ 的全部特征向量为

$$k_3X_3=k_3\begin{bmatrix} 1 \\ 2 \\ -2 \end{bmatrix}$$

其中 k_3 为不等于零的任意常数。

例 3 求数量矩阵

$$A=\begin{bmatrix} a & 0 & 0 \\ 0 & a & 0 \\ 0 & 0 & a \end{bmatrix}$$

的特征值与特征向量。

解

$$|\lambda E-A|=\begin{vmatrix} \lambda-a & 0 & 0 \\ 0 & \lambda-a & 0 \\ 0 & 0 & \lambda-a \end{vmatrix}=(\lambda-a)^3$$

所以 A 的特征值为 $\lambda=a$(三重)

将 $\lambda=a$ 代入 $(\lambda E-A)X=O$ 得

$$\begin{bmatrix} 0 & 0 & 0 \\ 0 & 0 & 0 \\ 0 & 0 & 0 \end{bmatrix}\begin{bmatrix} x_1 \\ x_2 \\ x_3 \end{bmatrix}=\begin{bmatrix} 0 \\ 0 \\ 0 \end{bmatrix}$$

由于此方程组的系数矩阵是零矩阵,其秩为 0 所以基础解系含有 3 个解向量为

$$\boldsymbol{\varepsilon}_1=\begin{bmatrix}1\\0\\0\end{bmatrix},\boldsymbol{\varepsilon}_2=\begin{bmatrix}0\\1\\0\end{bmatrix},\boldsymbol{\varepsilon}_3=\begin{bmatrix}0\\0\\1\end{bmatrix}$$

就是 A 对应于特征值 $\lambda=a$ 的特征向量,而

$$k_1\boldsymbol{\varepsilon}_1+k_2\boldsymbol{\varepsilon}_2+k_3\boldsymbol{\varepsilon}_3=k_1\begin{bmatrix}1\\0\\0\end{bmatrix}+k_2\begin{bmatrix}0\\1\\0\end{bmatrix}+k_3\begin{bmatrix}0\\0\\1\end{bmatrix}$$

就是 A 对应于特征值 $\lambda=a$ 的全部特征向量。其中 k_1,k_2,k_3 是不全为零的常数。也就是说任意非零三维列向量都是它的特征向量。

这个例子具有一般性,即 n 阶数量矩阵的特征值是 n 重根,任意非零 n 维列向量都是它的特征向量。我们还可以证明以下结论:

(1)若矩阵 A 的特征值为 λ_1,矩阵 B 的特征值为 λ_2,则矩阵 $A\pm B$ 的特征值为 $\lambda_1\pm\lambda_2$,其中 A、B 为同型矩阵。

(2)若矩阵 A 的特征值为 λ,则矩阵 kA 的特征值为 $k\lambda$。

(3)若矩阵 A 的特征值为 λ,则矩阵 A^2 的特征值为 λ^2。

(4)若矩阵 A 的特征值为 λ,则它的逆矩阵 A^{-1} 的特征值为 $\frac{1}{\lambda}$。

第二节　矩阵的相似与矩阵的对角化

矩阵的相似可以用来简化矩阵的计算,还可以用来简化线性方程组或微分方程组等重要应用。本节首先介绍矩阵相似的概念和性质,以及 n 阶方阵与对角矩阵相似的条件,即矩阵的对角化问题。

一、相似矩阵

定义　对于 n 阶方阵 A 与 B,如果存在可逆矩阵 P,使得 $P^{-1}AP=B$,则称方阵 A 与 B 相似,或称 A 与 B 是相似矩阵,记作 $A\sim B$。

矩阵相似具有以下三个基本性质:

(1)反身性:$A\sim A$。

因为 $E^{-1}AE=A$

(2)对称性:即若 $A\sim B$,则 $B\sim A$。

因为 $A\sim B$,所以存在可逆矩阵 P,使得 $P^{-1}AP=B$,则有 $A=PBP^{-1}$,令 $X=P^{-1}$,则 $A=X^{-1}BX$,即 $B\sim A$。

(3)传递性:即若 $A\sim B,B\sim C$,则 $A\sim C$。

因为 $A\sim B,B\sim C$,所以存在可逆矩阵 X、Y,使得 $X^{-1}AX=B,Y^{-1}BY=C$,于是 $Y^{-1}(X^{-1}AX)Y=C$,即 $Y^{-1}X^{-1}AXY=C$,亦即 $(XY)^{-1}A(XY)=C$,即 $A\sim C$。

相似矩阵还具有如下性质:

性质 1 相似矩阵的特征值完全相同。

证明 设 $A\sim B$,则存在可逆矩阵 P,使得 $P^{-1}AP=B$,于是

$$
\begin{aligned}
|\lambda E-B|&=|\lambda E-P^{-1}AP|=|P^{-1}\lambda EP-P^{-1}AP|\\
&=|P^{-1}(\lambda E-A)P|=|P^{-1}||\lambda E-A||P|\\
&=|\lambda E-A|
\end{aligned}
$$

即方阵 A 与 B 的特征多项式相同,所以特征值也相同,故特征向量也完全相同。但它的逆命题不一定成立,例如矩阵

$$
A=\begin{bmatrix}1&0\\0&1\end{bmatrix},B=\begin{bmatrix}1&1\\0&1\end{bmatrix}
$$

由于 $|\lambda E-A|=|\lambda E-B|=(\lambda-1)^2$,即矩阵 A 与 B 的特征值相同均为 $\lambda=1$(二重),但 A 与 B 不相似。事实上与 A 相似的矩阵只能是它本身。即特征多项式(特征值)相同的两个矩阵不一定是相似的。

性质 2 相似矩阵具有相同的行列式。

证明 设 $A\sim B$,则存在可逆矩阵 P,使得 $B=P^{-1}AP$,所以

$$
|B|=|P^{-1}AP|=|P^{-1}||A||P|=|A|
$$

性质 3 相似矩阵或者同时可逆,或者都不可逆;当它们都可逆时,它们的逆矩阵也相似。

证明 设 $A\sim B$,由性质 2 知 $|A|=|B|$,因 $|A|$ 与 $|B|$ 同时为零或不为零,故 A 与 B 同时可逆或不可逆。

当 A 与 B 都可逆时,因 $A\sim B$,故存在可逆矩阵 P 使得 $B=P^{-1}AP$,从而

$$
B^{-1}=(P^{-1}AP)^{-1}=P^{-1}A^{-1}(P^{-1})^{-1}=P^{-1}A^{-1}P
$$

所以矩阵 $A^{-1}\sim B^{-1}$。

性质 4 相似矩阵具有相同的秩。

证明 设 $A\sim B$,则存在可逆矩阵 P,使得 $B=P^{-1}AP$,由第三章矩阵的等价关系知,$r(A)=r(B)$。

二、矩阵的对角化

给定 n 阶方阵 A,则任意一可逆矩阵 P,都可以使 $P^{-1}AP$ 与 A 相似。因此,与矩阵 A 相似的矩阵有无穷多个。由于相似矩阵具有许多共同的性质,故

在与矩阵 A 相似的众多矩阵中就要寻找一个具有代表性的最简单的矩阵。

由第二章矩阵的知识可知，最简单的矩阵有零矩阵、单位矩阵以及对角矩阵。而零矩阵和单位矩阵的相似矩阵只有它们本身，而仅次于它们的最简单的对角矩阵却可以和许多矩阵相似。那么具备什么条件的矩阵 A 才能与对角矩阵相似呢？如果相似，如何求可逆矩阵 P，使得 $P^{-1}AP$ 成为最简单的对角矩阵 Λ 呢？为此我们有如下定理：

定理 1　n 阶方阵 A 与对角矩阵 Λ 相似的充要条件是 A 有 n 个线性无关的特征向量。

证明

必要性　设与 A 相似的对角矩阵

$$\Lambda=\begin{bmatrix}\lambda_1 & & & \\ & \lambda_2 & & \\ & & \ddots & \\ & & & \lambda_n\end{bmatrix}$$

因 $A\sim\Lambda$，故存在可逆矩阵 P，使得

$$P^{-1}AP=\Lambda$$

于是

$$AP=P\Lambda \tag{1}$$

将矩阵 P 写成列向量的形式 $P=(X_1,X_2,\cdots,X_n)$，其中 $X_i(i=1,2,\cdots,n)$ 是 n 维列向量。于是(1)式可写成

$$A(X_1,X_2,\cdots,X_n)=(X_1,X_2,\cdots,X_n)\begin{bmatrix}\lambda_1 & & & \\ & \lambda_2 & & \\ & & \ddots & \\ & & & \lambda_n\end{bmatrix}$$

即

$$(AX_1,AX_2,\cdots,AX_n)=(\lambda_1X_1,\lambda_2X_2,\cdots,\lambda_nX_n)$$

于是得

$$AX_i=\lambda_iX_i\quad(i=1,2,\cdots,n)$$

即 λ_i 是方阵 A 的特征值，而 P 的列向量 X_i 是 A 对应于 λ_i 的特征向量。因 P 可逆，即 P 是满秩矩阵，所以它的 n 个列向量是线性无关的。

充分性　设 n 阶方阵 A 有 n 个线性无关的特征向量 $X_1,X_2,\cdots,X_n$，显然

$$AX_i=\lambda_iX_i(i=1,2,\cdots,n)$$

又设

$$P=(X_1,X_2,\cdots,X_n)$$

则

$$\begin{aligned}AP&=(AX_1,AX_2,\cdots,AX_n)\\&=(\lambda_1X_1,\lambda_2X_2,\cdots,\lambda_nX_n)\end{aligned}$$

$$=(X_1,X_2,\cdots,X_n)\begin{bmatrix}\lambda_1 & & & \\ & \lambda_2 & & \\ & & \ddots & \\ & & & \lambda_n\end{bmatrix}=P\Lambda$$

亦即 $$AP=P\Lambda$$

故 $$P^{-1}AP=\Lambda$$

即 $$A\sim\Lambda$$

此定理说明，要 $A\sim\Lambda$，n 阶方阵 A 必须有 n 个线性无关的特征向量，那么 n 阶方阵 A 在什么条件下才会有 n 个线性无关的特征向量呢？为此我们有以下定理：

定理 2 n 阶方阵 A 的两个不同的特征值 λ_1,λ_2 对应的特征向量 X_1,X_2 是线性无关的。

证明 若 X_1,X_2 线性相关，则 $X_2=kX_1(k\neq0)$，即 X_2 也是 A 的对应于 λ_1 的特征向量，这与已知矛盾，所以 X_1,X_2 线性无关。

推论 n 阶方阵 A 的 m 个不同的特征值 $\lambda_1,\lambda_1,\cdots,\lambda_n$ 所对应的特征向量 $X_1,X_2,\cdots,X_m$ 是线性无关的。

由以上讨论及第一节的有关知识可得判定矩阵 A 能否对角化的方法：

结论 1 如果 n 阶方阵 A 有 n 个不同的特征值，则 A 一定能对角化。

结论 2 若 n 阶方阵 A 有 k 重特征值，只要重数与所对应的线性无关的特征向量的个数相等，则 A 一定能对角化。

结论 3 若 n 阶方阵 A 有一 k 重特征值，并且它所对应的线性无关的特征向量的个数小于 k，则 A 一定不能对角化。

综上，若 $A\sim\Lambda$，则一定存在可逆矩阵 P 使得 $P^{-1}AP=\Lambda$，其中

$$\Lambda=\begin{bmatrix}\lambda_1 & & & \\ & \lambda_2 & & \\ & & \ddots & \\ & & & \lambda_n\end{bmatrix}$$

$\lambda_1,\lambda_1,\cdots,\lambda_n$ 为 n 阶方阵 A 的全部特征值(包括重根)。而能使 A 对角化的可逆矩阵

$$P=(X_1,X_2,\cdots,X_n)$$

$X_1,X_2,\cdots,X_n$ 为对应于方阵 A 的特征值 $\lambda_1,\lambda_1,\cdots,\lambda_n$ 的特征向量。

注意 (1)上述 Λ 的特征值 $\lambda_1,\lambda_1,\cdots,\lambda_n$ 的排列顺序与 P 中的特征向量的顺序相对应。即若 $\lambda_1,\lambda_1,\cdots,\lambda_n$ 的排列顺序改变，则 $X_1,X_2,\cdots,X_n$ 的顺序也作相应的改变，因而 P 也随之改变。由此可见，可逆矩阵 P 及对角矩阵 Λ 不是唯

一的。若不计排列顺序，则它们就是唯一的。

(2)上述结论 1 的条件是充分而非必要的。

例 1　判断矩阵

$$A=\begin{bmatrix}2 & -3\\ -1 & 4\end{bmatrix}$$

可否相似于对角矩阵？若能，求出使 A 对角化的可逆矩阵 P，并求与 A 相似的对角矩阵 Λ。

解　因方阵 A 的特征多项式为

$$|\lambda E-A|=\begin{vmatrix}\lambda-2 & 3\\ 1 & \lambda-4\end{vmatrix}=(\lambda-1)(\lambda-5)$$

所以 A 的特征值为 $\lambda_1=1,\lambda_2=5$

将 $\lambda_1=1$ 代入 $(\lambda E-A)X=O$　得基础解系为

$$X_1=\begin{bmatrix}3\\ 1\end{bmatrix}$$

将 $\lambda_2=5$ 代入 $(\lambda E-A)X=O$　得基础解系为

$$X_2=\begin{bmatrix}-1\\ 1\end{bmatrix}$$

由结论 1 知，方阵 A 可对角化，且使 A 对角化的可逆矩阵

$$P=(X_1,X_2)=\begin{bmatrix}3 & -1\\ 1 & 1\end{bmatrix}$$

A 的相似对角矩阵

$$\Lambda=\begin{bmatrix}\lambda_1 & 0\\ 0 & \lambda_2\end{bmatrix}=\begin{bmatrix}1 & 0\\ 0 & 5\end{bmatrix}$$

显然

$$P^{-1}AP=\Lambda$$

例 2　试问方阵 A 是否相似于对角阵？若能，写出使 A 对角化的可逆矩阵 P，并求与 A 相似的对角矩阵 Λ

$$A=\begin{bmatrix}-2 & 1 & 1\\ 0 & 2 & 0\\ -4 & 1 & 3\end{bmatrix}$$

解

$$|\lambda E-A|=\begin{vmatrix}\lambda+2 & -1 & -1\\ 0 & \lambda-2 & 0\\ 4 & -1 & \lambda-3\end{vmatrix}=(\lambda+1)(\lambda-2)^2$$

所以方阵 A 的特征值为 $\lambda_1=-1,\lambda_2=\lambda_3=2$

将 $\lambda_1=-1$ 代入 $(\lambda E-A)X=O$ 得基础解系为

$$X_1=\begin{bmatrix}1\\0\\1\end{bmatrix}$$

将 $\lambda_2=\lambda_3=2$ 代入 $(\lambda E-A)X=O$ 得基础解系为

$$X_2=\begin{bmatrix}0\\1\\-1\end{bmatrix},X_3=\begin{bmatrix}1\\0\\4\end{bmatrix}$$

由结论 1 与 2 知方阵 A 可对角化，且使 A 对角化的可逆矩阵

$$P=(X_1,X_2,X_3)=\begin{bmatrix}1&0&1\\0&1&0\\1&-1&4\end{bmatrix}$$

$$A\sim\Lambda=\begin{bmatrix}\lambda_1&&\\&\lambda_2&\\&&\lambda_3\end{bmatrix}=\begin{bmatrix}-1&0&0\\0&2&0\\0&0&2\end{bmatrix}$$

例 3 试问矩阵

$$A=\begin{bmatrix}-1&1&0\\-4&3&0\\1&0&2\end{bmatrix}$$

能否对角化？若能求出使 A 能对角化的可逆阵 P，并求对角阵 $\Lambda\sim A$。

解 因 A 的特征多项式为

$$|\lambda E-A|=\begin{vmatrix}\lambda+1&-1&0\\4&\lambda-3&0\\-1&0&\lambda-2\end{vmatrix}=(2-\lambda)(1-\lambda)^2$$

所以特征值 $\lambda_1=2,\lambda_2=\lambda_3=1$

将 $\lambda_1=2$ 代入 $(\lambda E-A)X=O$ 得基础解系为

$$X_1=\begin{bmatrix}0\\0\\1\end{bmatrix}$$

将 $\lambda_2=\lambda_3=1$ 代入 $(\lambda E-A)X=O$ 得基础解系为

$$X_2=\begin{bmatrix}1\\2\\-1\end{bmatrix}$$

由于 $\lambda=1$ 所对应的特征向量只有 1 个，小于特征值 $\lambda=1$ 的重数 2，故由结论 3

知方阵 A 不能对角化。

例 4　设矩阵 A 与 B 相似，其中

$$A=\begin{bmatrix}2&0&0\\0&0&1\\0&1&x\end{bmatrix},B=\begin{bmatrix}2&0&0\\0&y&0\\0&0&-1\end{bmatrix}$$

(1)求 x 与 y 的值；

(2)求可逆矩阵 P，使 $P^{-1}AP=B$。

解　(1)因 $A\sim B$，所以 $|\lambda E-A|=|\lambda E-B|$

即
$$\begin{vmatrix}\lambda-2&0&0\\0&\lambda&-1\\0&-1&\lambda-x\end{vmatrix}=\begin{vmatrix}\lambda-2&0&0\\0&\lambda-y&0\\0&0&\lambda+1\end{vmatrix}$$

解之得 $x=0,y=1$。

(2)因 $x=0,y=1$，故 $B=\begin{bmatrix}2&0&0\\0&1&0\\0&0&-1\end{bmatrix}$ 是对角矩阵，即方阵 A 与对角矩阵 B 相似，所以方阵 A 的特征值为 $\lambda_1=2,\lambda_2=1,\lambda_3=-1$，于是可求出对应于 $\lambda_1,\lambda_2,\lambda_3$ 的特征向量分别为 $X_1=(1,0,0)^T,X_2=(0,1,1)^T,X_3=(0,1,-1)^T$，则可逆矩阵为

$$P=(X_1,X_2,X_3)=\begin{bmatrix}1&0&0\\0&1&1\\0&1&-1\end{bmatrix}$$

显然 $P^{-1}AP=B$ 成立。

第三节　正交矩阵

一、向量的内积

前面已学习过向量的概念及向量的加、减和数乘运算。为了便于以后应用，在此基础上还要学习向量的内积的概念。

定义 1　设有两个 n 维向量

$$\alpha=\begin{bmatrix}a_1\\a_2\\\vdots\\a_n\end{bmatrix},\beta=\begin{bmatrix}b_1\\b_2\\\vdots\\b_n\end{bmatrix}$$

数 $a_1b_1+a_2b_2+\cdots+a_nb_n$ 称为向量 α 与 β 的内积，记作 (α,β) 或 $[\alpha,\beta]$，即

$$(\alpha,\beta)=a_1b_1+a_2b_2+\cdots+a_nb_n$$

向量的内积还可以用矩阵的记号表示为

$$(\alpha,\beta)=\alpha^T\beta=(a_1,a_2,\cdots,a_n)\begin{bmatrix}b_1\\b_2\\\vdots\\b_n\end{bmatrix}=a_1b_1+a_2b_2+\cdots+a_nb_n$$

向量的内积具有下列性质：

(1) $(\alpha,\beta)=(\beta,\alpha)$。

(2) $(\lambda\alpha,\beta)=\lambda(\alpha,\beta)$。

(3) $(\alpha+\beta,\gamma)=(\alpha,\gamma)+(\beta,\gamma)$。

(4) $(\alpha,\alpha)\geqslant 0$，当且仅当 $\alpha=0$ 时，等号成立。其中 α,β,γ 是 n 维向量，λ 为实数。

定义 2　设 $\alpha=(a_1,a_2,\cdots,a_n)$，则

$$|\alpha|=\sqrt{(\alpha,\alpha)}=\sqrt{a_1{}^2+a_2{}^2+\cdots+a_n{}^2}$$

称为向量 α 的模（长度或范数）

向量的模还具有以下性质：

(1)非负性 $|\alpha|\geqslant 0$。

(2)齐次性 $|\lambda\alpha|=|\lambda||\alpha|$。

(3) $|\alpha+\beta|\leqslant|\alpha|+|\beta|$。

特别地模为 1 的向量，称为单位向量。

例如　$\alpha=\left(\frac{1}{\sqrt{3}},\frac{1}{\sqrt{3}},\frac{1}{\sqrt{3}}\right)$，$\varepsilon_1=(1,0,\cdots,0)$ 都是单位向量。

对于任何非零向量 α，则 $\frac{\alpha}{|\alpha|}$ 为单位向量。

例 1　已知

$$\alpha=\begin{bmatrix}1\\-1\\2\\3\end{bmatrix}$$

试将 α 化为单化向量（单位化或标准化）

解　因 $|\alpha|=\sqrt{1^2+(-1)^2+2^2+3^2}=\sqrt{15}$

故

$$\beta=\frac{\alpha}{|\alpha|}=\frac{1}{\sqrt{15}}\begin{bmatrix}1\\-1\\2\\3\end{bmatrix}=\begin{bmatrix}\frac{1}{\sqrt{15}}\\-\frac{1}{\sqrt{15}}\\\frac{2}{\sqrt{15}}\\\frac{3}{\sqrt{15}}\end{bmatrix}$$

定义 3　设 α,β 为两个向量，若$(\alpha,\beta)=0$ 则称向量 α 与 β 是正交的。例如

$$\alpha_1=\begin{bmatrix}2\\1\\-3\\-1\end{bmatrix},\alpha_2=\begin{bmatrix}4\\2\\3\\1\end{bmatrix}$$

是正交的，因为$(\alpha_1,\alpha_2)=0$。

显然，零向量与任何向量都正交。

二、正交向量组

定义 4　设 $\alpha_1,\alpha_2,\cdots,\alpha_r$ 为 n 维列向量，若(1)$(\alpha_i,\alpha_i)=1(i=1,2,\cdots,r)$，则称 $\alpha_1,\alpha_2,\cdots,\alpha_r$ 为 n 维标准向量组；

(2)$(\alpha_i,\alpha_j)=0(i\neq j,i,j=1,2,\cdots,r$，则称 $\alpha_1,\alpha_2,\cdots,\alpha_r$ 为正交向量组。

若向量组同时满足(1)(2)，则称向量组为标准正交的。例如，向量组 $\varepsilon_1=(1,0,\cdots,0)$，$\varepsilon_2=(0,1,\cdots,0)\cdots$，$\varepsilon_n=(0,0,\cdots,1)$为 n 维标准正交向量组。这是因为$(\varepsilon_i,\varepsilon_j)=\begin{cases}1 & i=j\\0 & i\neq j\end{cases}\quad i,j=1,2,\cdots,n$

可以验证正交向量组有如下性质：

定理 1　任一不含零向量的正交向量组是线性无关的。

证明　设不含零向量的正交向量组为 $\alpha_1,\alpha_2,\cdots,\alpha_r$，又设

$$k_1\alpha_1+k_2\alpha_2+\cdots+k_r\alpha_r=O$$

于是
$$k_1\alpha_i^T\alpha_1+k_2\alpha_i^T\alpha_2+\cdots+k_i\alpha_i^T\alpha_i+\cdots+k_r\alpha_i^T\alpha_r=O$$

则
$$k_i\alpha_i^T\cdot\alpha_i=0\ (i=1,2,\cdots,r)$$

因 $\alpha_i\neq O$，所以 $\alpha_i^T\alpha_i\neq 0$，故 $k_i=0(i=1,2,\cdots,r)$，即向量组 $\alpha_1,\alpha_2,\cdots,\alpha_r$ 线性无关。

值得注意的是，线性无关的向量组不一定是正交向量组。但是线性无关的向量组可以化为正交向量组，而且还可以标准化(单位化)。

三、线性无关向量组的正交化和单位化

设 $\alpha_1,\alpha_2,\cdots,\alpha_s$ 线性无关，使其正交化的方法如下：

取 $\beta_1=\alpha_1$

再取 $\beta_2=\alpha_2+\lambda\beta_1$（$\lambda$ 为待定系数）

由 $(\beta_2,\beta_1)=(\alpha_2+\lambda\beta_1,\beta_1)=(\alpha_2,\beta_1)+\lambda(\beta_1,\beta_1)=0$

得

$$\lambda=-\frac{(\alpha_2,\beta_1)}{(\beta_1,\beta_1)}$$

所以

$$\beta_2=\alpha_2-\frac{(\alpha_2,\beta_1)}{(\beta_1,\beta_1)}\beta_1$$

类似地，再取 $\beta_3=\alpha_3+\lambda_1\beta_1+\lambda_2\beta_2$（$\lambda_1,\lambda_2$ 是待定系数）

由

$$(\beta_3,\beta_1)=(\alpha_3,\beta_1)+\lambda_1(\beta_1,\beta_1)+\lambda_2(\beta_2,\beta_1)=0$$
$$(\beta_3,\beta_2)=(\alpha_3,\beta_2)+\lambda_1(\beta_1,\beta_2)+\lambda_2(\beta_2,\beta_2)=0$$

得

$$\lambda_1=-\frac{(\alpha_3,\beta_1)}{(\beta_1,\beta_1)},\lambda_2=-\frac{(\alpha_3,\beta_2)}{(\beta_2,\beta_2)}$$

所以

$$\beta_3=\alpha_3-\frac{(\alpha_3,\beta_1)}{(\beta_1,\beta_1)}\beta_1-\frac{(\alpha_3,\beta_2)}{(\beta_2,\beta_2)}\beta_2$$

如此连续做下去，…，则得：

$$\beta_s=\alpha_s-\frac{(\alpha_s,\beta_1)}{(\beta_1,\beta_1)}\beta_1-\cdots-\frac{(\alpha_s,\beta_{s-1})}{(\beta_{s-1},\beta_{s-1})}\beta_{s-1}$$

于是得正交向量组 $\beta_1,\beta_2,\cdots,\beta_s$，再将其单位化：

令

$$\xi_i=\frac{\beta_i}{|\beta_i|}(i=1,2,\cdots,s)$$

于是就得与线性无关向量组 $\alpha_1,\alpha_2,\cdots,\alpha_s$ 等价的标准正交向量组 $\xi_1,\xi_2,\cdots,\xi_s$。

我们称将 $\alpha_1,\alpha_2,\cdots,\alpha_s$ 化为 $\xi_1,\xi_2,\cdots,\xi_s$ 的过程叫向量组的正交规范化，也叫施密特(Schimidt)正交化方法。

例 2　求向量组

$$\alpha_1=\begin{bmatrix}2\\-1\\0\end{bmatrix},\alpha_2=\begin{bmatrix}2\\0\\1\end{bmatrix}$$

的标准正交化向量组。

解　先正交化

$$\boldsymbol{\beta}_1=\boldsymbol{\alpha}_1=\begin{bmatrix}2\\-1\\0\end{bmatrix}$$

$$\boldsymbol{\beta}_2=\boldsymbol{\alpha}_2-\frac{(\boldsymbol{\alpha}_2,\boldsymbol{\beta}_1)}{(\boldsymbol{\beta}_1,\boldsymbol{\beta}_1)}\boldsymbol{\beta}_1$$

$$=\begin{bmatrix}2\\0\\1\end{bmatrix}-\frac{4}{5}\begin{bmatrix}2\\-1\\0\end{bmatrix}=\begin{bmatrix}\frac{2}{5}\\\frac{4}{5}\\1\end{bmatrix}$$

再单位化

$$\boldsymbol{\xi}_1=\frac{\boldsymbol{\beta}_1}{|\boldsymbol{\beta}_1|}=\begin{bmatrix}\frac{2\sqrt{5}}{5}\\-\frac{\sqrt{5}}{5}\\0\end{bmatrix},\boldsymbol{\xi}_2=\frac{\boldsymbol{\beta}_2}{|\boldsymbol{\beta}_2|}=\begin{bmatrix}\frac{2\sqrt{5}}{15}\\\frac{4\sqrt{5}}{15}\\\frac{\sqrt{5}}{3}\end{bmatrix}$$

四、正交矩阵及其性质

定义 4　如果 n 阶实方阵(元素为实数)A 满足 $AA^T=A^TA=E$,则称 A 为正交矩阵。

例如

$$\begin{bmatrix}1&0\\0&-1\end{bmatrix},\begin{bmatrix}\cos\theta&-\sin\theta\\\sin\theta&\cos\theta\end{bmatrix},\begin{bmatrix}\frac{1}{3}&\frac{2}{3}&\frac{2}{3}\\\frac{2}{3}&\frac{1}{3}&-\frac{2}{3}\\\frac{2}{3}&-\frac{2}{3}&\frac{1}{3}\end{bmatrix}$$

都是正交矩阵。

下面讨论正交矩阵的元素之间的关系：

设有正交矩阵

$$A=\begin{bmatrix}a_{11}&a_{12}&\cdots&a_{1n}\\a_{21}&a_{22}&\cdots&a_{2n}\\\vdots&\vdots&&\vdots\\a_{n1}&a_{n2}&\cdots&a_{nn}\end{bmatrix}=\begin{bmatrix}\boldsymbol{\alpha}_1\\\boldsymbol{\alpha}_2\\\vdots\\\boldsymbol{\alpha}_n\end{bmatrix}$$

其中 $\alpha_i=(a_{i1},a_{i2},\cdots,a_{in})(i=1,2,\cdots,n)$，则

$$AA^T=\begin{bmatrix}\alpha_1\\ \alpha_2\\ \vdots\\ \alpha_n\end{bmatrix}[\alpha_1{}^T,\alpha_2{}^T,\cdots,\alpha_n{}^T]=\begin{bmatrix}\alpha_1\alpha_1{}^T & \alpha_1\alpha_2{}^T & \cdots & \alpha_1\alpha_n{}^T\\ \alpha_2\alpha_1{}^T & \alpha_2\alpha_2{}^T & \cdots & \alpha_2\alpha_n{}^T\\ \vdots & \vdots & & \vdots\\ \alpha_n\alpha_1{}^T & \alpha_n\alpha_2{}^T & \cdots & \alpha_n\alpha_n{}^T\end{bmatrix}$$

因为 A 为正交矩阵，则 $AA^T=E$

所以

$$\alpha_i\alpha_j{}^T=a_{i1}a_{j1}+a_{i2}a_{j2}+\cdots+a_{in}a_{jn}=\begin{cases}1 & i=j\\ 0 & i\neq j\end{cases}\quad(i,j=1,2,\cdots,n)$$

这就是说，正交矩阵 A 的每一行都是一个单位向量，即 $\alpha_i=(a_{i1},a_{i2},\cdots,a_{in})$ 为单位向量，且两两正交，即向量组 $\alpha_1,\alpha_2,\cdots,\alpha_n$ 为 n 维标准正交行向量组。于是可得：正交矩阵 A 是由 n 个 n 维的标准正交行向量构成的。

同理可得：正交矩阵 A 也是由 n 个 n 维的标准正交列向量构成的。

可以验证正交矩阵具有下列性质：

设 A 为正交矩阵，则

(1) $|A|=\pm1$。

(2) $A^{-1}=A^T$。

(3) A^{-1} 也是正交矩阵。

第四节 实对称矩阵的相似对角矩阵

本章第二节已经介绍过一般 n 阶方阵的对角化问题，知道对于 n 阶方阵满足一定条件才能对角化。实对称矩阵是一种特殊的 n 阶方阵，它是否总可以对角化？若能，如何将其对角化？本节将依次回答这些问题。

一、实对称矩阵的概念及性质

定义 设 A 为 n 阶方阵，若 $A^T=A$，则称 A 为对称矩阵，而所有元素都为实数的对称矩阵，称为实对称矩阵。

实对称矩阵具有下列性质：

(1) 实对称矩阵的特征值都为实数。

(2) 实对称矩阵有 n 个特征值（重根按重数计算）。

(3) 实对称矩阵对应于不同特征值的特征向量是正交的。

(4) 实对称矩阵有 n 个线性无关的特征向量，特别地当 $\lambda=\lambda_i$ 是 r 重特征值时，有 r 个线性无关的特征向量。

综上所述可知，n 阶实对称矩阵 A 一定可以对角化。

二、实对称矩阵的对角化

定理　设 A 为 n 阶实对称矩阵，则一定存在正交矩阵 P，使得 $P^{-1}AP=\Lambda$，并且

$$\Lambda=\begin{bmatrix}\lambda_1 & & & \\ & \lambda_2 & & \\ & & \ddots & \\ & & & \lambda_n\end{bmatrix}$$

其中 $\lambda_i(i=1,2,\cdots,n)$ 为 A 的 n 个特征值（证明从略）。

下面给出求正交矩阵 P 的方法：

(1)求出实对称矩阵 A 的全部特征值 $\lambda_1,\lambda_2,\cdots,\lambda_n$（事实上，求完这一步，已经求出了与 A 相似的对角矩阵 Λ），并求出 λ_i 所对应的特征向量 $\boldsymbol{\alpha}_i(i=1,2,\cdots,n)$。

(2)将特征向量正交规范化，分两种情况：①当特征值 $\lambda_1,\lambda_2,\cdots,\lambda_n$ 互不相同时，对应的特征向量 $\boldsymbol{\alpha}_1,\boldsymbol{\alpha}_2,\cdots,\boldsymbol{\alpha}_n$ 必正交，只须将其单位化即可。②当特征值有重根时，只需将属于重根特征值的特征向量用施密特正交化方法正交化，然后再单位化。

(3)将正交单位化的特征向量排成列，即得正交矩阵 P，则必有 $P^{-1}AP=\Lambda$。

例 1　求正交矩阵 P，将实对称矩阵

$$A=\begin{bmatrix}2 & 2 & -2\\ 2 & 5 & -4\\ -2 & -4 & 5\end{bmatrix}$$

化为对角矩阵 Λ，并求出 Λ。

解　因为

$$|\lambda E-A|=\begin{vmatrix}\lambda-2 & -2 & 2\\ -2 & \lambda-5 & 4\\ 2 & 4 & \lambda-5\end{vmatrix}=(\lambda-1)^2(\lambda-10)$$

所以矩阵 A 的全部特征值为 $\lambda_1=\lambda_2=1,\lambda_3=10$

将 $\lambda_1=\lambda_2=1$ 代入 $(\lambda E-A)\boldsymbol{\alpha}=O$ 得特征向量（基础解系）

$$\boldsymbol{\alpha}_1=\begin{bmatrix}2\\ -1\\ 0\end{bmatrix},\boldsymbol{\alpha}_2=\begin{bmatrix}2\\ 0\\ 1\end{bmatrix}$$

将 $\boldsymbol{\alpha}_1,\boldsymbol{\alpha}_2$ 正交化如下：

$$\boldsymbol{\beta}_1=\boldsymbol{\alpha}_1=\begin{bmatrix}2\\-1\\0\end{bmatrix},\boldsymbol{\beta}_2=\boldsymbol{\alpha}_2-\frac{(\boldsymbol{\alpha}_2,\boldsymbol{\beta}_1)}{(\boldsymbol{\beta}_1,\boldsymbol{\beta}_1)}\boldsymbol{\beta}_1=\begin{bmatrix}\frac{2}{5}\\\frac{4}{5}\\1\end{bmatrix}$$

再将正交向量组 $\boldsymbol{\beta}_1,\boldsymbol{\beta}_2$ 单位化如下：

$$\boldsymbol{\xi}_1=\frac{\boldsymbol{\beta}_1}{|\boldsymbol{\beta}_1|}=\frac{1}{\sqrt{5}}\begin{bmatrix}2\\-1\\0\end{bmatrix}=\begin{bmatrix}\frac{2\sqrt{5}}{5}\\-\frac{\sqrt{5}}{5}\\0\end{bmatrix}$$

$$\boldsymbol{\xi}_2=\frac{\boldsymbol{\beta}_2}{|\boldsymbol{\beta}_2|}=\frac{\sqrt{5}}{3}\begin{bmatrix}\frac{2}{5}\\\frac{4}{5}\\1\end{bmatrix}=\begin{bmatrix}\frac{2\sqrt{5}}{15}\\\frac{4\sqrt{5}}{15}\\\frac{\sqrt{5}}{3}\end{bmatrix}$$

将 $\lambda_3=10$ 代入 $(\lambda E-A)\boldsymbol{\alpha}=O$ 得特征向量(基础解系)

$$\boldsymbol{\alpha}_3=\begin{bmatrix}1\\2\\-2\end{bmatrix}$$

将其单位化为

$$\boldsymbol{\xi}_3=\frac{\boldsymbol{\alpha}_3}{|\boldsymbol{\alpha}_3|}=\frac{1}{3}\begin{bmatrix}1\\2\\-2\end{bmatrix}=\begin{bmatrix}\frac{1}{3}\\\frac{2}{3}\\-\frac{2}{3}\end{bmatrix}$$

于是将 A 对角化的正交矩阵

$$P=(\boldsymbol{\xi}_1,\boldsymbol{\xi}_2,\boldsymbol{\xi}_3)=\begin{bmatrix}\frac{2\sqrt{5}}{5}&\frac{2\sqrt{5}}{15}&\frac{1}{3}\\-\frac{\sqrt{5}}{5}&\frac{4\sqrt{5}}{15}&\frac{2}{3}\\0&\frac{\sqrt{5}}{3}&-\frac{2}{3}\end{bmatrix}$$

则 $P^TAP=\Lambda=\begin{bmatrix}1&0&0\\0&1&0\\0&0&10\end{bmatrix}\sim A$

习题四

1. 求下列矩阵的特征值与特征向量

(1) $\begin{bmatrix}3&1&0\\-4&-1&0\\4&-8&-2\end{bmatrix}$　　(2) $\begin{bmatrix}1&2&3\\2&1&3\\3&3&6\end{bmatrix}$

(3) $\begin{bmatrix}2&-1&2\\5&-3&3\\-1&0&-2\end{bmatrix}$　　(4) $\begin{bmatrix}1&1&1&1\\1&1&-1&-1\\1&-1&1&-1\\1&-1&-1&1\end{bmatrix}$

2. 判断下列矩阵是否相似于对角矩阵？若能，求出能使矩阵对角化的可逆矩阵 P 和对角矩阵 Λ。

(1) $A=\begin{bmatrix}1&-2&-2\\-2&-2&4\\2&4&-2\end{bmatrix}$　　(2) $B=\begin{bmatrix}3&1&0\\-4&-1&0\\4&-8&-2\end{bmatrix}$

3. 将下列向量组正交规范化

(1)(2,0),(1,1)

(2)(3,4),(2,3)

(3)(2,0,0),(0,1,−1),(5,6,0)

(4)(0,1,1),(1,1,0),(1,0,1)

4. 试求一正交矩阵，将下列实对称矩阵对角化。

(1) $\begin{bmatrix}11&2&-8\\2&2&10\\-8&10&5\end{bmatrix}$　　(2) $\begin{bmatrix}2&-2&0\\-2&1&-2\\0&-2&0\end{bmatrix}$

(3) $\begin{bmatrix}0&0&4&1\\0&0&1&4\\4&1&0&0\\1&4&0&0\end{bmatrix}$　　(4) $\begin{bmatrix}0&0&1\\0&1&0\\1&0&0\end{bmatrix}$

第五章　二次型

在平面解析几何中，以坐标原点为中心的有心二次曲线的一般方程是

$$Ax^2+Bxy+Cy^2=D \tag{1}$$

为了容易识别曲线的类型和研究曲线的性质，我们往往将坐标系绕原点旋转适当角度 θ(按逆时针方向转动)，其转轴公式是

$$\begin{cases}x=x'\cos\theta-y'\sin\theta\\ y=x'\sin\theta+y'\cos\theta\end{cases} \tag{2}$$

则可把(1)式化成标准方程

$$\frac{x'^2}{a^2}\pm\frac{y'^2}{b^2}=1 \tag{3}$$

(1)式的左端称为变量 x、y 的二次齐次多项式，又称为二次型；(3)式的左端称为二次型的标准形。所以从代数的观点看，所谓化标准形，就是用变量的线性变换化简一个二次齐次多项式，使它只含有平方项。

这一章，我们着重介绍二次型的一些最基本的性质和如何化 n 个变量的二次型为标准形。应该指出，二次型的理论和方法在二次曲面的化简(即主轴问题)、多元函数极值的判定、概率论，以及运动稳定性理论和现代控制理论中都有着重要的应用。

第一节　二次型的概念及其矩阵表示

定义 1　含有 n 个变量 $x_1,x_2,\cdots,x_n$ 的二次齐次多项式

$$\begin{aligned}f(x_1,x_2,\cdots,x_n)=&a_{11}x_1^2+2a_{12}x_1x_2+\cdots+2a_{1n}x_1x_n\\&+a_{22}x_2^2+\cdots+2a_{2n}x_2x_n\\&+\cdots+a_{nn}x_n^2\end{aligned} \tag{4}$$

称为一个 n 元二次型，简称为二次型。当系数都是实数时，称为实二次型。本章只讨论实二次型。

例如，$f(x_1,x_2,x_3)=x_1^2+x_1x_2+3x_1x_3+x_2^2+4x_2x_3+3x_3^2$ 就是一个三元二次型。

在讨论二次型时，矩阵是一个有力的工具，我们可以把二次型用矩阵表示，令 $a_{ij}=a_{ji}$，即令

$$2a_{ij}=a_{ij}+a_{ji}$$

则(4)式可以写成

$$f(x_1,x_2,\cdots,x_n)=a_{11}x_1^2+a_{12}x_1x_2+\cdots+a_{1n}x_1x_n+a_{21}x_2x_1+a_{22}x_2^2$$
$$+\cdots+a_{2n}x_2x_n+\cdots+a_{n1}x_nx_1+a_{n2}x_nx_2+\cdots+a_{nn}x_n^2 \quad (5)$$

把(5)式的系数排成一个矩阵，n 个变量看成一个向量，即令

$$A=\begin{bmatrix} a_{11} & a_{12} & \cdots & a_{1n} \\ a_{21} & a_{22} & \cdots & a_{2n} \\ \vdots & \vdots & & \vdots \\ a_{n1} & a_{n2} & \cdots & a_{nn} \end{bmatrix},X=\begin{bmatrix} x_1 \\ x_2 \\ \vdots \\ x_n \end{bmatrix}$$

则(5)式可写成

$$f(x_1,x_2,\cdots,x_n)=(x_1\quad x_2\quad \cdots\quad x_n)\begin{bmatrix} a_{11} & a_{12} & \cdots & a_{1n} \\ a_{21} & a_{22} & \cdots & a_{2n} \\ \vdots & \vdots & & \vdots \\ a_{n1} & a_{n2} & \cdots & a_{nn} \end{bmatrix}\begin{bmatrix} x_1 \\ x_2 \\ \vdots \\ x_n \end{bmatrix}$$
$$=X^TAX \quad (6)$$

(6)式称为二次型的矩阵表示，A 称为二次型 $f(x_1,x_2,\cdots,x_n)$ 的系数矩阵，由于 $a_{ij}=a_{ji}$，所以矩阵 A 是一个对称矩阵。显然，一个二次型和一个对称矩阵是一一对应的，我们称 A 为二次型的矩阵，称 A 的秩为二次型的秩。

例 1　已知二次型

$$f(x_1,x_2,x_3)=x_1^2+2x_1x_2-4x_1x_3+3x_2^2+x_2x_3+7x_3^2$$

求它的秩并用矩阵形式表示出来。

解　由于二次型的矩阵是对称的，所以

$$f(x_1,x_2,x_3)=(x_1\quad x_2\quad x_3)\begin{bmatrix} 1 & 1 & -2 \\ 1 & 3 & \frac{1}{2} \\ -2 & \frac{1}{2} & 7 \end{bmatrix}\begin{bmatrix} x_1 \\ x_2 \\ x_3 \end{bmatrix}$$

由于

$$\begin{vmatrix} 1 & 1 & -2 \\ 1 & 3 & \frac{1}{2} \\ -2 & \frac{1}{2} & 7 \end{vmatrix}\neq 0$$

所以 A 的秩等于 3，即二次型的秩为 3。

如果二次型只含有变量的平方项，即

$$f(y_1,y_2,\cdots,y_n)=b_1y_1^2+b_2y_2^2+\cdots+b_ny_n^2$$

这种形式称为二次型的标准形。用矩阵表示得

$$f(y_1,y_2,\cdots,y_n)=(y_1\quad y_2\quad \cdots\quad y_n)\begin{bmatrix} b_1 & 0 & \cdots & 0 \\ 0 & b_2 & \cdots & 0 \\ \vdots & \vdots & \ddots & \vdots \\ 0 & 0 & \cdots & b_n \end{bmatrix}\begin{bmatrix} y_1 \\ y_2 \\ \vdots \\ y_n \end{bmatrix}$$

与解析几何中问题一样,对于一般的二次型,我们要通过线性变换来把它化简为标准形。为此,作线性变换

$$\begin{cases} x_1=c_{11}y_1+c_{12}y_2+\cdots+c_{1n}y_n \\ x_2=c_{21}y_1+c_{22}y_2+\cdots+c_{2n}y_n \\ \cdots\cdots\cdots\cdots\cdots\cdots \\ x_n=c_{n1}y_1+c_{n2}y_2+\cdots+c_{nn}y_n \end{cases}$$

也即

$$X=CY \tag{7}$$

其中

$$C=\begin{bmatrix} c_{11} & c_{12} & \cdots & c_{1n} \\ c_{21} & c_{22} & \cdots & c_{2n} \\ \vdots & \vdots & & \vdots \\ c_{n1} & c_{n2} & \cdots & c_{nn} \end{bmatrix},X=\begin{bmatrix} x_1 \\ x_2 \\ \vdots \\ x_n \end{bmatrix},Y=\begin{bmatrix} y_1 \\ y_2 \\ \vdots \\ y_n \end{bmatrix}$$

若$|C|\neq 0$,则称(7)式为可逆线性变换(满秩线性变换或非退化线性变换)。

可以证明,对于任何一个二次型 $f=X^TAX$,经过可逆线性变换后,仍然还是二次型;而且,还可以证明 C^TAC 的秩和 A 的秩是相等的,即可逆线性变换不改变二次型的秩。

如果 Y^TBY 是一个标准形的话,则 B 就是一个对角阵。所以把二次型化为标准形,从矩阵角度来看,就相当于要求一个可逆矩阵 C,使得 C^TAC 为对角阵。

第二节 用正交变换化二次型为标准型

现在,我们讨论如何作一个线性变换将二次型化为标准形。

定义 2 如果 P 为正交矩阵,则线性变换 $X=PY$ 称为正交变换。

我们知道,对任意 n 阶对称矩阵 A,总可以找到一个正交矩阵 P,使

$$P^{-1}AP=P^TAP$$

并且

$$P^{-1}AP=\begin{bmatrix} \lambda_1 & & & \\ & \lambda_2 & & \\ & & \ddots & \\ & & & \lambda_n \end{bmatrix}$$

其中 $\lambda_1,\lambda_2,\cdots,\lambda_n$ 是 A 的特征值。由于二次型的矩阵 A 是对称矩阵，所以我们一定能找到一个这样的正交矩阵 P，作正交变换 $X=PY$，把二次型化为标准形。

定理 1　对于二次型 $f(x_1,x_2,\cdots,x_n)$ 一定能找到一个正交矩阵 P，使得经过正交变换

$$X=PY$$

把二次型化为标准形

$$f=\lambda_1 y_1^2+\lambda_2 y_2^2+\cdots+\lambda_n y_n^2$$

其中 $\lambda_1,\lambda_2,\cdots,\lambda_n$ 是二次型 $f(x_1,x_2,\cdots,x_n)$ 的矩阵 A 的全部特征值。

例 1　用正交变换化二次型

$$f(x_1,x_2,x_3)=2x_1^2+x_2^2-4x_1x_2-4x_2x_3$$

为标准形，并写出其正交变换。

解　此二次型的系数矩阵为

$$A=\begin{bmatrix} 2 & -2 & 0 \\ -2 & 1 & -2 \\ 0 & -2 & 0 \end{bmatrix}$$

先求 A 的特征值与单位正交特征向量

$$|\lambda E-A|=\begin{vmatrix} \lambda-2 & 2 & 0 \\ 2 & \lambda-1 & 2 \\ 0 & 2 & \lambda \end{vmatrix}=(\lambda-1)(\lambda-4)(\lambda+2)$$

所以 A 的特征值为 $\lambda_1=1,\lambda_2=4,\lambda_3=-2$。

将 $\lambda_1=1$ 代入特征方程组 $(\lambda E-A)\boldsymbol{\alpha}=O$ 中，其中 $\boldsymbol{\alpha}=(a_1,a_2,a_3)^T$，即有

$$\begin{bmatrix} -1 & 2 & 0 \\ 2 & 0 & 2 \\ 0 & 2 & 1 \end{bmatrix}\begin{bmatrix} a_1 \\ a_2 \\ a_3 \end{bmatrix}=O$$

解得它的一个基础解系为

$$\boldsymbol{\alpha}_1=(-2,-1,2)^T$$

同样，将 $\lambda_2=4,\lambda_3=-2$ 分别代入特征方程组中，求得它们的基础解系分别为

$$\boldsymbol{\alpha}_2=(2,-2,1)^T$$

$$\boldsymbol{\alpha}_3=(1,2,2)^T$$

由于它们已是正交向量，再将它们单位化，即得

$$\boldsymbol{\xi}_1=\frac{1}{3}(-2,-1,2)^T$$

$$\boldsymbol{\xi}_2=\frac{1}{3}(2,-2,1)^T$$

$$\xi_3=\frac{1}{3}(1,2,2)^T$$

以 ξ_1,ξ_2,ξ_3 组成正交矩阵

$$P=\frac{1}{3}\begin{bmatrix}-2 & 2 & 1\\ -1 & -2 & 2\\ 2 & 1 & 2\end{bmatrix}$$

作正交变换

$$X=PY$$

即

$$\begin{bmatrix}x_1\\ x_2\\ x_3\end{bmatrix}=\begin{bmatrix}-\frac{2}{3} & \frac{2}{3} & \frac{1}{3}\\ -\frac{1}{3} & -\frac{2}{3} & \frac{2}{3}\\ \frac{2}{3} & \frac{1}{3} & \frac{2}{3}\end{bmatrix}\begin{bmatrix}y_1\\ y_2\\ y_3\end{bmatrix}$$

在此变换下，二次型化为标准形，即

$$\begin{aligned}f(x_1,x_2,x_3)&=X^TAX\xlongequal{X=PY}Y^T(P^TAP)Y\\ &=(y_1\quad y_2\quad y_3)\begin{bmatrix}1 & 0 & 0\\ 0 & 4 & 0\\ 0 & 0 & -2\end{bmatrix}\begin{bmatrix}y_1\\ y_2\\ y_3\end{bmatrix}\\ &=y_1^2+4y_2^2-2y_3^2\end{aligned}$$

正交变换是可逆线性变换的特殊情况，与其它可逆线性变换不同的是，它有保持“几何图形"不变的优点。如本章开头所述的旋转变换就是正交变换。

第三节 用配方法化二次型为标准型

下面举例说明将一个二次型用配方法得到一个可逆线性交换，将它化为标准形。这种方法是应用中学代数中的配平方的方法。

例 1 化二次型

$$f(x_1,x_2,x_3)=2x_1^2+x_2^2-4x_1x_2-4x_2x_3$$

为标准形。并写出所用的可逆线性变换。

解 先对 x_1 配平方，消去 x_1x_2 项

$$\begin{aligned}f(x_1,x_2,x_3)&=2(x_1^2-2x_1x_2+x_2^2)-x_2^2-4x_2x_3\\ &=2(x_1-x_2)^2-x_2^2-4x_2x_3\end{aligned}$$

再对 x_2 配平方，消去 x_2x_3 项，即

$$\begin{aligned}f(x_1,x_2,x_3)&=2(x_1-x_2)^2-(x_2^2+4x_2x_3+4x_3^2)+4x_3^2\\&=2(x_1-x_2)^2-(x_2+2x_3)^2+4x_3^2\end{aligned}$$

于是作可逆线性变换

$$\begin{cases}y_1=x_1-x_2\\y_2=\quad\quad x_2+2x_3\\y_3=\quad\quad\quad\quad x_3\end{cases}\quad 或 \quad\begin{cases}x_1=y_1+y_2-2y_3\\x_2=\quad\quad y_2-2y_3\\x_3=\quad\quad\quad\quad y_3\end{cases}$$

把二次型 $f(x_1,x_2,x_3)$ 化为标准形

$$f=2y_1^2-y_2^2+4y_3^2$$

也就是取可逆矩阵

$$C=\begin{bmatrix}1&1&-2\\0&1&-1\\0&0&1\end{bmatrix}(其中\ \det C=1\neq 0)$$

作线性变换

$$X=CY$$

将二次型

$$f(x_1,x_2,x_3)=2x_1^2+x_2^2-4x_1x_2-4x_2x_3$$

化为标准形

$$f=2y_1^2-y_2^2+4y_3^2$$

例 2　化二次型

$$f(x_1,x_2,x_3)=2x_1x_2+2x_1x_3-6x_2x_3$$

为标准形。并写出所用的可逆线性变换。

解　f 不含平方项，可令

$$\begin{cases}x_1=y_1+y_2\\x_2=y_1-y_2\\x_3=\quad\quad\ y_3\end{cases}$$

代入原式得

$$\begin{aligned}f&=2(y_1+y_2)(y_1-y_2)+2(y_1+y_2)y_3-6(y_1-y_2)y_3\\&=2y_1^2-2y_2^2-4y_1y_3+8y_2y_3\end{aligned}$$

再对上式配方得

$$\begin{aligned}f&=2(y_1^2-2y_1y_3+y_3^2)-2y_3^2-2y_2^2+8y_2y_3\\&=2(y_1-y_3)^2-2(y_2^2-4y_2y_3+4y_3^2)+6y_3^2\\&=2(y_1-y_3)^2-2(y_2-2y_3)^2+6y_3^2\end{aligned}$$

令

$$\begin{cases} z_1 = y_1 & -y_3 \\ z_2 = & y_2 - 2y_3 \\ z_3 = & y_3 \end{cases}$$

即

$$\begin{cases} y_1 = z_1 & +z_3 \\ y_2 = & z_2 + 2z_3 \\ y_3 = & z_3 \end{cases}$$

得标准型为

$$f = 2z_1^2 - 2z_2^2 + 6z_3^2$$

则所用线性变换是

$$X = \begin{bmatrix} 1 & 1 & 0 \\ 1 & -1 & 0 \\ 0 & 0 & 1 \end{bmatrix} Y$$

$$= \begin{bmatrix} 1 & 1 & 0 \\ 1 & -1 & 0 \\ 0 & 0 & 1 \end{bmatrix} \begin{bmatrix} 1 & 0 & 1 \\ 0 & 1 & 2 \\ 0 & 0 & 1 \end{bmatrix} Z$$

$$= \begin{bmatrix} 1 & 1 & 3 \\ 1 & -1 & -1 \\ 0 & 0 & 1 \end{bmatrix} Z$$

故变换矩阵是

$$C = \begin{bmatrix} 1 & 1 & 3 \\ 1 & -1 & -1 \\ 0 & 0 & 1 \end{bmatrix} \text{（其中 } \det C = -2 \neq 0\text{）}$$

从上面两个例子可以看出，我们总是要求化二次型为标准形所作的线性变换是可逆的。因为当线性变换

$$X = CY$$

可逆时，可以得到

$$Y = C^{-1}X$$

这也是一个可逆变换，它可以把所得的标准形还原。这样我们可以从标准形的性质推出原二次型的性质。

第四节　正定二次型

一、惯性定理

由上节例题可知，同一个二次型可以用不同的可逆线性变换化为标准形，且线性变换不同，二次型的标准形也不尽相同。但是它们之间具有一定的共性，下面的定理说明了这一点。

定理 1　二次型 $f(x_1,x_2,\cdots,x_n)$ 的标准形中，系数不为零的平方项的个数，等于该二次型的矩阵的秩，与所作的可逆线性变换无关。

不仅如此，对于同一个二次型的两个标准形中的正项个数与负项个数也是一定的。实际上，任一个二次型都可经可逆线性变换化为系数都是"＋1"或"－1"的最简形式；这样的标准形称为二次型 $f(x_1,x_2,\cdots,x_n)$ 的规范形。

二次型的标准形不是唯一的，但二次型的规范形是唯一的。所以有：

定理 2　（惯性定理）任一个二次型 $f(x_1,x_2,\cdots,x_n)$ 都可经适当的可逆线性变换化成唯一的规范形。

显然，在二次型 $f(x_1,x_2,\cdots,x_n)$ 的任一标准形中系数为正（负）的平方项个数与规范形中系数为正（负）的平方项的个数是一致的，所以二次型的任一标准形中，系数为正（负）的平方项的个数也是唯一确定的。

定义 1　二次型的标准形中，系数为正的平方项的个数 p，称为二次型的正惯性指数，系数为负的平方项的个数 $r-p$（r 为二次型的秩）称为二次型的负惯性指数，它们的差 $p-(r-p)=2p-r$，称为二次型的符号差。

由惯性定理可知，两个二次型可经可逆线性变换互相转化的充分必要条件是，它们有相同的秩和正惯性指数。

二、实二次型的分类

定义 2　如果二次型 $f(x_1,x_2,\cdots,x_n)=X^TAX$ 对于任意的非零向量 $X=(x_1,x_2,\cdots,x_n)^T$ 总有

(1) $f=X^TAX>0$，则称 f 为正定的。

(2) $f=X^TAX<0$，则称 f 为负定的。

(3) $f=X^TAX\geqslant 0$，则称 f 为半正定的。

(4) $f=X^TAX\leqslant 0$，则称 f 为半负定的。

(5) 除以上情况的其他情况就称 f 是不定的。

$f(x_1,x_2,\cdots,x_n)$为正定二次型的情形特别重要，它在实际问题中很有用，例如二元函数求极值问题，还有在物理、力学以及数学的其他分支上也都很有用。下面我们给出判别正定二次型的定理。

三、判断正定二次型的充分必要条件

定理3 n元二次型$f(x_1,x_2,\cdots,x_n)$为正定的充分必要条件是它的正惯性指数等于n。

推论1 n元二次型$f(x_1,x_2,\cdots,x_n)$正定的充分必要条件是它的矩阵A的特征值全大于零。

定义3 如果二次型$f(x_1,x_2,\cdots,x_n)$为正定(半正定，负定，半负定)的，则对称矩阵A称为正定(半正定，负定，半负定)矩阵。

推论2 正定矩阵的行列式大于零。

事实上，若A是一个n阶正定矩阵，则其特征值全大于零，又因为特征值的乘积等于A的行列式，即有$|A|=\lambda_1\cdot\lambda_2\cdots\lambda_n>0$。

定义4 在n阶矩阵A中，取第$1,2,\cdots,k$行及第$1,2,\cdots,k$列得到的k阶子式($k\leqslant n$)，称为A的k阶顺序主子式，记为Δ_k。

例如，设

$$A=\begin{bmatrix}1 & -1 & 2 & 3\\0 & 3 & 2 & 4\\2 & -1 & 0 & 1\\-1 & 3 & 2 & 4\end{bmatrix}$$

则顺序主子式为

$$\Delta_1=1,\Delta_2=\begin{vmatrix}1 & -1\\0 & 3\end{vmatrix},\Delta_3=\begin{vmatrix}1 & -1 & 2\\0 & 3 & 2\\2 & -1 & 0\end{vmatrix},\Delta_4=|A|$$

定理4 二次型

$$f(x_1,x_2,\cdots,x_n)=X^{\mathrm{T}}AX$$

为正定的充分必要条件是它的矩阵A的顺序主子式都大于零，即

$$\Delta_1=a_{11}>0,\Delta_2=\begin{vmatrix}a_{11} & a_{12}\\a_{21} & a_{22}\end{vmatrix}>0,\cdots,\Delta_n=\begin{vmatrix}a_{11} & a_{12} & \cdots & a_{1n}\\a_{21} & a_{22} & \cdots & a_{2n}\\\vdots & \vdots & & \vdots\\a_{n1} & a_{n2} & \cdots & a_{nn}\end{vmatrix}=|A|>0$$

例1 判别二次型$f(x_1,x_2,x_3)=x_1^2+2x_2^2+6x_3^2+2x_1x_2+2x_1x_3+6x_2x_3$是否正定？

解　由题设 $f(x_1,x_2,x_3)$的矩阵为

$$A=\begin{bmatrix}1&1&1\\1&2&3\\1&3&6\end{bmatrix}$$

它的顺序主子式为

$$\Delta_1=1>0,\Delta_2=\begin{vmatrix}1&1\\1&2\end{vmatrix}=1>0,\Delta_3=\begin{vmatrix}1&1&1\\1&2&3\\1&3&6\end{vmatrix}=1>0$$

由定理 4,二次型 $f(x_1,x_2,x_3)$是正定的。

例 2　判别二次型 $f(x_1,x_2,x_3)=x_1^2+2x_2^2+2x_1x_2+4x_2x_3+x_3^2$ 是否正定?

解　配方得

$$\begin{aligned}f&=(x_1+x_2)^2+x_2^2+4x_2x_3+x_3^2\\&=(x_1+x_2)^2+(x_2+2x_3)^2-3x_3^2\end{aligned}$$

令

$$\begin{cases}y_1=x_1+x_2\\y_2=\quad\ \ x_2+2x_3\\y_3=\qquad\quad\ x_3\end{cases}$$

则

$$f=y_1^2+y_2^2-3y_3^2$$

由定理 3,二次型不是正定的。

定理 5　二次型 $f(x_1,x_2,\cdots,x_n)$是负定的充分必要条件是它的矩阵 A 的顺序主子式的值是负、正相间。

下面我们介绍一些正定矩阵的主要性质。

性质 1　正定矩阵的主对角线上的元素都大于零。

性质 2　任何正定矩阵都可逆,且其逆阵也一定是正定阵。

性质 3　任一个 n 阶正定矩阵 A 必能表示为 B^TB 的形式,这里 B 是一个与 A 同阶的正定矩阵。

例 3　证明若 A 是一个 $m\times n$ 矩阵,则 A^TA 是 n 阶对称矩阵,且是半正定的,如果 A 的秩是 n,则 A^TA 是正定的。

解　由于$(A^TA)^T=A^TA$,故 A^TA 是 n 阶对称矩阵,且对任意非零列向量 X,都有

$$X^T(A^TA)X=(AX)^T(AX)\geqslant 0$$

所以 A^TA 是半正定的。

如果 A 的秩是 n,那么,对于 $X\neq\boldsymbol{O}$,可知 $AX\neq\boldsymbol{O}$,因此

$$X^T(A^TA)X=(AX)^T(AX)>0$$

即 A^TA 是正定矩阵。

习题五

1. 写出下列二次型的矩阵表示

(1) $x_1^2+x_3^2-12x_1x_2+x_1x_3-4x_2x_3$

(2) $7x_1^2+4x_2^2-x_3^2-2x_1x_3+6x_2x_3$

(3) $x_3^2-2x_1x_2+x_1x_3-x_2x_3$

(4) $24x_1x_2+10x_1x_3-4x_2x_3$

2. 用正交变换化二次型为标准形，并求所用的正交矩阵

(1) $x_1^2+4x_2^2+x_3^2-4x_1x_2-8x_1x_3-4x_2x_3$

(2) $x_1^2-2x_2^2-2x_3^2-4x_1x_2+4x_1x_3+8x_2x_3$

(3) $2x_1^2+3x_2^2+3x_3^2+4x_2x_3$

3. 用配方法化二次型为标准形，并利用矩阵验算所得的结果

(1) $x_1x_2+x_1x_3+x_2x_3$

(2) $x_1^2+2x_1x_2+2x_2^2+4x_2x_3+4x_3^2$

(3) $x_1^2+4x_2^2+8x_3^2+2x_1x_3$

(4) $8x_1x_4+8x_3x_4+2x_2x_3+8x_2x_4$

4. 判别下列二次型是否正定

(1) $5x_1^2+6x_2^2+4x_3^2-4x_1x_2-4x_1x_3$

(2) $99x_1^2-12x_1x_2+48x_1x_3+130x_2^2-60x_2x_3+71x_3^2$

(3) $x_1^2+x_2^2+5x_3^2+2x_1x_2-2x_1x_3+4x_2x_3$

5. t 取何值时，二次型 $x_1^2+4x_2^2+x_3^2+2tx_1x_2+10x_1x_3+6x_2x_3$ 是正定的。

习题参考答案

习题一

1. (1)0;(2)a^2+b^2;(3)50;(4)0.

2. $x=0$ 或 1.

3. (1)11;(2)28;(3)15.

4. (1)是,负;(2)不是;(3)是,正.

5. (1)当 $l=1,m=3$ 时,符号为正;(2)当 $l=3,m=1$ 时,符号为负.

6. (1)$(-1)^n$;(2)$(cf-ed)(ah-gd)$;(3)$(-1)^{n+1}n!$.

7. (1)$\begin{cases}x=2\\y=3\end{cases}$;(2)$\begin{cases}x_1=1\\x_2=2.\\x_3=3\end{cases}$

8. (1)$D=-2$; (2)$D=-2$; (3) $D=-16$.

9. (1)96;(2)1;(3)$1-x^3$; (4)$(a+3)(a-1)^3$.

10. (1)$n!$;(2)$(nx+a)a^{n-1}$.

11. 7.

12. (1)-1;(2)15;(3)$(a^2-b^2)^2$; (4) $(x^2-1)(y^2-1)$.

13. (1)-1;(2)a^n-a^{n-2}.

14. (1)$\begin{cases}x_1=1\\x_2=-1\\x_3=-1\\x_4=1\end{cases}$; (2)$\begin{cases}x_1=\dfrac{11}{4}\\x_2=\dfrac{7}{4}\\x_3=\dfrac{3}{4}\\x_4=-\dfrac{1}{4}\\x_5=-\dfrac{5}{4}\end{cases}$

15. $k=-1$ 或 4.

16. 当 $\lambda=-1$ 或 $\lambda=3$ 时方程有非零解;$\lambda\neq-1$ 且 $\lambda\neq3$ 时方程只有零解.

习题二

1. $x_1=\dfrac{5}{2},x_2=\dfrac{1}{2}$

2. $A+B=\begin{bmatrix}1&4&4&7\\4&-2&5&4\\2&0&3&5\end{bmatrix},2A+3B=\begin{bmatrix}2&10&9&17\\12&-5&10&10\\4&-3&8&15\end{bmatrix}$

3. (1) $\begin{bmatrix}0&2&1\\3&0&0\end{bmatrix}$, (2) $a_{11}x^2+a_{22}y^2+cz^2+2a_{12}xy+2b_1xy+2b_2yz$,

(3) $\begin{bmatrix}\cos2\alpha&-\sin2\alpha\\\sin2\alpha&-\cos2\alpha\end{bmatrix}$, (4) $\begin{bmatrix}\lambda^2&2\lambda&1\\0&\lambda^2&2\lambda\\0&0&\lambda^2\end{bmatrix}$, (5) $\begin{bmatrix}2&1\\4&3\\7&9\end{bmatrix}$

4. $\begin{bmatrix}-3&4&-7\\8&11&-8\end{bmatrix}$; 5. $\begin{bmatrix}-\dfrac{2}{3}&-2\\-2&\dfrac{4}{3}\end{bmatrix}$; 6. $\begin{bmatrix}a^n&0&0\\0&b^n&0\\0&0&c^n\end{bmatrix}$

9. $A^T=\begin{bmatrix}1&0&1\\-1&1&2\\1&2&3\end{bmatrix},B^T=\begin{bmatrix}1&2&0\\2&-1&1\end{bmatrix},AB=\begin{bmatrix}-1&4\\2&1\\5&3\end{bmatrix}$,

$B^TA^T=\begin{vmatrix}-1&2&5\\4&1&3\end{vmatrix}$

11. $\det(AB^T)=-80,\det A+\det B=-2,\det(3A)=-270$

13. (1) $\begin{bmatrix}-2&1\\\dfrac{3}{2}&-\dfrac{1}{2}\end{bmatrix}$, (2) $\begin{bmatrix}\cos\alpha&\sin\alpha\\-\sin\alpha&\cos\alpha\end{bmatrix}$, (3) $\dfrac{1}{ad-bc}\begin{bmatrix}d&-b\\-c&a\end{bmatrix}$,

(4) $\dfrac{1}{4}\begin{bmatrix}1&1&1&1\\1&1&-1&-1\\1&-1&1&-1\\1&-1&-1&1\end{bmatrix}$, (5) $\begin{bmatrix}2&-1&0&0\\-1&1&0&0\\-1&1&2&-3\\1&-2&-1&2\end{bmatrix}$,

(6) $\begin{bmatrix}1&-3&11&-38\\0&1&-2&7\\0&0&1&-2\\0&0&0&1\end{bmatrix}$

14. $\begin{bmatrix} 0 & 0 & \cdots\cdots & 0 & \frac{1}{a_n} \\ \frac{1}{a_1} & 0 & \cdots\cdots & 0 & 0 \\ 0 & \frac{1}{a_2} & \cdots\cdots & 0 & 0 \\ \vdots & \vdots & & \vdots & \vdots \\ 0 & 0 & \cdots\cdots & \frac{1}{a_{n-1}} & 0 \end{bmatrix}$

15. $(A+2E)^{-1}(A^2-4E)=(A+2E)^{-1}(A+2E)(A-2E)=A-2E$

$$=\begin{bmatrix} -3 & 0 & 0 \\ 1 & -3 & 0 \\ 1 & 1 & -3 \end{bmatrix}$$

$$(A+2E)^{-1}(A-2E)^{-1}=(A^2-4E)^{-1}=\begin{bmatrix} -3 & 0 & 0 \\ -2 & -3 & 0 \\ -1 & -2 & -3 \end{bmatrix}^{-1}=\begin{bmatrix} -\frac{1}{3} & 0 & 0 \\ \frac{2}{9} & -\frac{1}{3} & 0 \\ -\frac{1}{27} & \frac{2}{9} & -\frac{1}{3} \end{bmatrix}$$

16. $x_1=\frac{1}{6}, x_2=-\frac{13}{6}, x_3=\frac{1}{2}$

17. 18. 略。

19. $\begin{bmatrix} -\frac{3}{85} & -\frac{7}{85} & \frac{28}{85} \\ -\frac{1}{5} & \frac{1}{5} & \frac{1}{5} \\ \frac{13}{85} & \frac{2}{85} & -\frac{8}{85} \end{bmatrix}$, (2) $\begin{bmatrix} 1 & -3 & 11 & -38 \\ 0 & 1 & -2 & 7 \\ 0 & 0 & 1 & -2 \\ 0 & 0 & 0 & 1 \end{bmatrix}$,

(3) $\begin{bmatrix} \frac{1}{4} & \frac{1}{4} & \frac{1}{4} & \frac{1}{4} \\ \frac{1}{4} & \frac{1}{4} & -\frac{1}{4} & -\frac{1}{4} \\ \frac{1}{4} & -\frac{1}{4} & \frac{1}{4} & -\frac{1}{4} \\ \frac{1}{4} & -\frac{1}{4} & -\frac{1}{4} & \frac{1}{4} \end{bmatrix}$, (4) $\begin{bmatrix} 1 & 1 & -2 & -4 \\ 0 & 1 & 0 & -1 \\ -1 & -1 & 3 & 6 \\ 2 & 1 & -6 & -10 \end{bmatrix}$,

(5) $\begin{bmatrix} 1 & -a & 0 & 0 & 0 \\ 0 & 1 & -a & 0 & 0 \\ 0 & 0 & 1 & -a & 0 \\ 0 & 0 & 0 & 0 & -a \\ 0 & 0 & 0 & 0 & 1 \end{bmatrix}$

20. 提示：设 $AX=B$，$(A|B)\xrightarrow{\text{初等行变换}}(E|X)$，$X=\begin{bmatrix} 20 & -52 & -77 \\ -15 & 38 & 57 \\ 13 & -30 & -46 \end{bmatrix}$

21. (1)2；(2)3；(3)4；(4)3。

22. 设 $A=(A_1A_2)$，其中 A_1 为四阶矩阵，由条件得 $A_1C+A_2D=E_4$，得 $A_1=(E_4-A_2D)C^{-1}$，得 $A=(E_4-A_2D)C^{-1}A_2$，取 $A_2=O$，有 $A=(C^{-1}O)$，从中看到，满足已知条件的 4×7 矩阵 A 有无穷多个。

23. 设 $A=\begin{bmatrix} A_1 & O & O \\ O & A_2 & O \\ O & O & A_3 \end{bmatrix}$，其中 $A_1=\begin{bmatrix} 2 & 5 \\ 1 & 3 \end{bmatrix}$，$A_2=[4]$，$A_3=\begin{bmatrix} -2 & -3 \\ 2 & 5 \end{bmatrix}$，

有 $\begin{bmatrix} A_1^{-1} & O & O \\ O & A_2^{-1} & O \\ O & O & A_3^{-1} \end{bmatrix}=A^{-1}$，其中 $A_1^{-1}=\begin{bmatrix} 3 & -5 \\ -1 & 2 \end{bmatrix}$，$A_2^{-1}=[\frac{1}{4}]$，

$A_3^{-1}=\begin{bmatrix} -\frac{5}{4} & -\frac{3}{4} \\ \frac{1}{2} & \frac{1}{2} \end{bmatrix}$。

则

$$A^{-1}=\begin{bmatrix} 3 & -5 & 0 & 0 & 0 \\ -1 & 2 & 0 & 0 & 0 \\ 0 & 0 & \frac{1}{4} & 0 & 0 \\ 0 & 0 & 0 & -\frac{5}{4} & -\frac{3}{4} \\ 0 & 0 & 0 & \frac{1}{2} & \frac{1}{2} \end{bmatrix}。$$

24、25、26、27、28. 略。

29. $r(A)=r(B)+r(C)$。

30、31、32. 略。

习题三

1.(1) $\begin{bmatrix}x_1\\x_2\\x_3\end{bmatrix}=\begin{bmatrix}\frac{5}{11}\\3\\\frac{64}{11}\end{bmatrix}$；(2)无解；(3) $\begin{bmatrix}x_1\\x_2\\x_3\\x_4\end{bmatrix}=\begin{bmatrix}\frac{6}{7}\\-\frac{5}{7}\\0\\0\end{bmatrix}+k_1\begin{bmatrix}\frac{1}{7}\\\frac{5}{7}\\1\\0\end{bmatrix}+k_4\begin{bmatrix}\frac{1}{7}\\-\frac{9}{7}\\0\\1\end{bmatrix}$，其中 k_1,k_2 为任意常数

(4) $\begin{bmatrix}x_1\\x_2\\x_3\\x_4\end{bmatrix}=k\begin{bmatrix}-\frac{1}{3}\\-\frac{2}{3}\\-\frac{1}{3}\\1\end{bmatrix}$，$k$ 为任意常数

2.(1)不相容，(2)相容且有无穷多解，(3)不相容

3. $a=0$ 且 $b=2$ 时，方程组相容

4. $(1,2,3,4)^T$

5. 不一定，譬如 $a_1=(1,0)a_2=(0,1)$，$\beta_1=(0,0)$，$\beta_2=(0,0)$就是线性相关。

6.(1)线性相关；(2)线性无关；(3)线性相关；(4)线性相关；(5)线性无关；提示：应用范得蒙行列式。

7. 这种证法是不正确的，因为两组线性相关的向量组中的向量所对应的两组系数不一定都相同。

8. 提示：由假设得到的表示式

$\boldsymbol{\beta}=k_1\{\boldsymbol{\alpha}_1+\cdots+k_s\boldsymbol{\alpha}_s$

中，k_s 肯定不为零。

9. $k_1(\boldsymbol{\alpha}+\boldsymbol{\beta})+k_2(\boldsymbol{\beta}+\boldsymbol{\gamma})+k_3(\boldsymbol{\gamma}+\boldsymbol{\alpha})=\boldsymbol{O}$，即

$(k_1+k_3)\boldsymbol{\alpha}+(k_1+k_2)\boldsymbol{\beta}+(k_2+k_3)\boldsymbol{\gamma}=\boldsymbol{O}$，由系数全为零可得到 $k_1=k_2=k_3=0$

10. 证明方法与上题类似

11. 可以用数学归纳法

12.(1)极大无关组$\{\boldsymbol{\alpha}_1,\boldsymbol{\alpha}_2,\boldsymbol{\alpha}_3,\boldsymbol{\alpha}_4\}$，

(2)极大无关组$\{\boldsymbol{\alpha}_1,\boldsymbol{\alpha}_2,\boldsymbol{\alpha}_4\}$，$\boldsymbol{\alpha}_3=3\boldsymbol{\alpha}_1+\boldsymbol{\alpha}_2$，

(3)极大无关组$\{\boldsymbol{\alpha}_1,\boldsymbol{\alpha}_2,\boldsymbol{\alpha}_3\}$，$\boldsymbol{\alpha}_4=-3\boldsymbol{\alpha}_1+\boldsymbol{\alpha}_2+3\boldsymbol{\alpha}_3$

13. (1)设 $A=\{\alpha_1,\alpha_4\}$，由 $r(A)=2$，知 α_1,α_4 线性无关

(2)极大无关组 $\{\alpha_1,\alpha_2,\alpha_4\}$

14. 略。

15. (1) $\begin{bmatrix}x_1\\x_2\\x_3\\x_4\\x_5\end{bmatrix}=k_1\begin{bmatrix}1\\1\\0\\0\\0\end{bmatrix}+k_2\begin{bmatrix}-7\\0\\-2\\3\\1\end{bmatrix}$，其中 k_1,k_2 为任意常数

(2) $\begin{bmatrix}x_1\\x_2\\x_3\\x_4\\x_5\end{bmatrix}=k\begin{bmatrix}2\\4\\\frac{8}{3}\\\frac{13}{3}\\1\end{bmatrix}$，其中 k 为任意常数

(3) $\begin{bmatrix}x_1\\x_2\\x_3\\x_4\\x_5\end{bmatrix}=k_1\begin{bmatrix}-\frac{1}{2}\\-\frac{1}{2}\\\frac{1}{2}\\1\\0\end{bmatrix}+k_2\begin{bmatrix}\frac{7}{8}\\\frac{5}{8}\\-\frac{5}{8}\\0\\1\end{bmatrix}$，其中 k_1,k_2 为任意常数

16. (1) $\begin{bmatrix}x_1\\x_2\\x_3\\x_4\\x_5\end{bmatrix}=\begin{bmatrix}0\\-1\\0\\-1\\0\end{bmatrix}+k\begin{vmatrix}-\frac{1}{2}\\-\frac{1}{2}\\0\\-\frac{1}{2}\\1\end{vmatrix}$，其中 k 为任意常数

(2) $\begin{bmatrix}x_1\\x_2\\x_3\\x_4\end{bmatrix}=\begin{bmatrix}-8\\3\\6\\0\end{bmatrix}$，(3)无解，(4)无解

(5) $\begin{bmatrix} x_1 \\ x_2 \\ x_3 \\ x_4 \end{bmatrix} = \begin{bmatrix} \frac{1}{6} \\ \frac{1}{6} \\ \frac{1}{6} \\ 0 \end{bmatrix} + k \begin{bmatrix} \frac{5}{6} \\ -\frac{7}{6} \\ \frac{5}{6} \\ 1 \end{bmatrix}$，其中 k 为任意常数

17. 直接代入方程组验证

18. 解法同上题

习题四

1. (1) $\lambda_1 = -2, \lambda_2 = 1$（二重）；

$X_1 = \begin{bmatrix} 0 \\ 0 \\ 1 \end{bmatrix}, X_2 = \begin{bmatrix} 3 \\ -6 \\ 20 \end{bmatrix}$

(2) $\lambda_1 = -1, \lambda_2 = 9, \lambda_3 = 0$；

$X_1 = \begin{bmatrix} 1 \\ -1 \\ 0 \end{bmatrix}, X_2 = \begin{bmatrix} 1 \\ 1 \\ 2 \end{bmatrix}, X_3 = \begin{bmatrix} 1 \\ 1 \\ -1 \end{bmatrix}$

(3) $\lambda_1 = \lambda_2 = \lambda_3 = -1; X = (1, 1, -1)^T$

(4) $\lambda_1 = \lambda_2 = \lambda_3 = 2, \lambda_4 = -2$；

$X_1 = \begin{bmatrix} 1 \\ 1 \\ 0 \\ 0 \end{bmatrix}, X_2 = \begin{bmatrix} 1 \\ 0 \\ 1 \\ 0 \end{bmatrix}, X_3 = \begin{bmatrix} 1 \\ 0 \\ 0 \\ 1 \end{bmatrix}, X_4 = \begin{bmatrix} -1 \\ 1 \\ 1 \\ 1 \end{bmatrix}$

2. (1) $A \sim \Lambda$，可逆矩阵

$$P = \begin{bmatrix} 0 & 7 & -2 \\ 1 & -2 & 1 \\ -1 & 2 & 0 \end{bmatrix} \quad \Lambda = \begin{bmatrix} -6 & 0 & 0 \\ 0 & 1 & 0 \\ 0 & 0 & 2 \end{bmatrix}$$

(2) B 不能对角化。

3. (1) $\xi_1 = \begin{bmatrix} 1 \\ 0 \end{bmatrix}, \xi_2 = \begin{bmatrix} 0 \\ 1 \end{bmatrix}$

(2) $\xi_1 = \left(\frac{3}{5}, \frac{4}{5}\right), \xi_2 = \left(-\frac{4}{5}, \frac{3}{5}\right)$

(3) $\xi_1 = (1, 0, 0), \xi_2 = \left(0, \frac{1}{\sqrt{2}}, \frac{-1}{\sqrt{2}}\right), \xi_2 = \left(0, \frac{1}{\sqrt{2}}, \frac{1}{\sqrt{2}}\right)$

(4) $\xi_1=\frac{1}{\sqrt{2}}(0,1,1)$, $\xi_2=\frac{1}{\sqrt{6}}(2,1,-1)$, $\xi_3=\frac{1}{\sqrt{3}}(1,-1,1)$

4. (1) $P=\begin{bmatrix} \frac{2}{3} & \frac{1}{3} & -\frac{2}{3} \\ \frac{2}{3} & -\frac{2}{3} & \frac{1}{3} \\ \frac{1}{3} & \frac{2}{3} & \frac{2}{3} \end{bmatrix}$, $\Lambda=\begin{bmatrix} 9 & 0 & 0 \\ 0 & -9 & 0 \\ 0 & 0 & 8 \end{bmatrix}$

(2) $P=\begin{bmatrix} \frac{2}{3} & -2 & 1 \\ -\frac{2}{3} & -1 & 2 \\ \frac{1}{3} & 2 & 2 \end{bmatrix}$, $\Lambda=\begin{bmatrix} 4 & 0 & 0 \\ 0 & 1 & 0 \\ 0 & 0 & -2 \end{bmatrix}$

(3) $P=\begin{bmatrix} \frac{1}{2} & -\frac{1}{2} & -\frac{1}{2} & \frac{1}{2} \\ \frac{1}{2} & -\frac{1}{2} & \frac{1}{2} & -\frac{1}{2} \\ \frac{1}{2} & \frac{1}{2} & -\frac{1}{2} & -\frac{1}{2} \\ \frac{1}{2} & \frac{1}{2} & \frac{1}{2} & \frac{1}{2} \end{bmatrix}$, $\Lambda=\begin{bmatrix} 5 & 0 & 0 & 0 \\ 0 & -5 & 0 & 0 \\ 0 & 0 & 3 & 0 \\ 0 & 0 & 0 & -3 \end{bmatrix}$

(4) $P=\begin{bmatrix} -1 & 0 & 1 \\ 0 & 1 & 0 \\ 1 & 0 & 1 \end{bmatrix}$, $\Lambda=\begin{bmatrix} -1 & 0 & 0 \\ 0 & 1 & 0 \\ 0 & 0 & 1 \end{bmatrix}$

习题五

1. (1) $\begin{bmatrix} 1 & -6 & \frac{1}{2} \\ -6 & 0 & -2 \\ \frac{1}{2} & -2 & 3 \end{bmatrix}$　(2) $\begin{bmatrix} 7 & 0 & -1 \\ 0 & 4 & 3 \\ -1 & 3 & -1 \end{bmatrix}$

(3) $\begin{bmatrix} 0 & -1 & \frac{1}{2} \\ -1 & 0 & -\frac{1}{2} \\ \frac{1}{2} & -\frac{1}{2} & 1 \end{bmatrix}$　(4) $\begin{bmatrix} 0 & 12 & 5 \\ 12 & 0 & -2 \\ 5 & -2 & 0 \end{bmatrix}$

2.(1)标准型为 $f=5y_1^2+5y_2^2-4y_3^2$,正交矩阵

$$P=\frac{1}{3}\begin{bmatrix} 2 & 2 & 2 \\ 1 & -2 & 1 \\ -1 & 1 & 2 \end{bmatrix}$$

(2)标准型 $f=-7y_1^2+2y_2^2+2y_3^2$,正交矩阵

$$P=\begin{bmatrix} \frac{1}{3} & 0 & \frac{2}{3}\sqrt{2} \\ \frac{2}{3} & \frac{1}{\sqrt{2}} & -\frac{1}{3\sqrt{2}} \\ -\frac{2}{3} & \frac{1}{\sqrt{2}} & \frac{1}{3\sqrt{2}} \end{bmatrix}$$

(3)标准型 $f=2y_1^2+y_2^2+5y_3^2$,正交矩阵

$$P=\begin{bmatrix} 1 & 0 & 0 \\ 0 & \frac{1}{\sqrt{2}} & \frac{1}{\sqrt{2}} \\ 0 & -\frac{1}{\sqrt{2}} & \frac{1}{\sqrt{2}} \end{bmatrix}$$

3.(1)$f=z_1^2-z_2^2-z_3^2$　(2)$f=y_1^2+2y_2^2+2y_3^2$

(3)$f=y_1^2+4y_2^2+y_3^2$　(4)$8z_1^2-8z_2^2+2z_3^2-2z_4^2$

4.(1)正定　(2)正定　(3)不是正定

5. 略

综合测试题(一)

一、填空题(每题 3 分,共 12 分)

1. 任一行列式与其转置行列式大小________。

2. 矩阵 $A=-\begin{bmatrix}1 & 2 & 0\\ -1 & 1 & 1\\ 1 & 0 & 2\end{bmatrix}$,则 $|2A|=$________。

3. 设 $\boldsymbol{\beta}$ 可由向量组 $\boldsymbol{\alpha}_1,\boldsymbol{\alpha}_2,\cdots,\boldsymbol{\alpha}_s$ 线性表示,则向量组 $\boldsymbol{\beta},\boldsymbol{\alpha}_1,\boldsymbol{\alpha}_2,\cdots,\boldsymbol{\alpha}_s$ 一定________。

4. 在 m 个方程 n 个未知数的齐次线性方程中,未知量系数组成的向量组线性相关,则方程组有________;若线性无关,则方程组________。

一、选择题(每题 3 分,共 12 分)

1. 下列结论正确的是(　　)

(A)若矩阵 A 的行列式 $|A|=0$,则 $A=O$;

(B)一切方阵都可经初等变换化为单位矩阵;

(C)任一非零矩阵都可经初等变换化为阶梯形矩阵;

(D)若向量组 $\boldsymbol{\alpha}_1,\boldsymbol{\alpha}_2,\cdots,\boldsymbol{\alpha}_n$ 线性相关,则 $\boldsymbol{\alpha}_1$ 可由 $\boldsymbol{\alpha}_2,\cdots,\boldsymbol{\alpha}_n$ 线性表示。

2. 若向量组 A 与向量组 B 等价,则(　　)

(A)$r(A)<r(B)$;　　(B)$r(A)>r(B)$;

(C)$r(A)=r(B)$;　　(D)$r(A)\leqslant r(B)$

3. 若 A 可逆,则 $AX=B$ 的解为(　　)

(A)$X=AB$;　　(B)$X=A^{-1}B$;

(C)$X=BA^{-1}$　　(D)不一定存在。

4. 设 $A=\begin{bmatrix}a_{11} & a_{12} & \cdots & a_{1n}\\ a_{21} & a_{22} & \cdots & a_{2n}\\ \vdots & \vdots & & \vdots\\ a_{n1} & a_{n2} & \cdots & a_{nn}\end{bmatrix}$,$B=\begin{bmatrix}A_{11} & A_{12} & \cdots & A_{1n}\\ A_{21} & A_{22} & \cdots & A_{2n}\\ \vdots & \vdots & & \vdots\\ A_{n1} & A_{n2} & \cdots & A_{nn}\end{bmatrix}$其中 A_{ij} 是 a_{ij} 的代数余子式($i,j=1,2,\cdots,n$),则(　　)。

(A)A 是 B 的伴随矩阵;　　(B)B 是 A 的伴随矩阵;

(C)B 是 A^T 的伴随矩阵;　　(D)B 不是 A^T 的伴随矩阵。

三、计算题(每题 10 分,共 30 分)

1. $\begin{vmatrix} a_1 & 0 & 0 & b_1 \\ 0 & a_2 & b_2 & 0 \\ 0 & b_3 & a_3 & 0 \\ b_4 & 0 & 0 & a_4 \end{vmatrix}$

2. 求矩阵 A 的逆矩阵 A^{-1},其中

$$A=\begin{bmatrix} 1 & 2 & -1 \\ 3 & 4 & -2 \\ 5 & -4 & 1 \end{bmatrix}$$

3. 设有向量组 $\boldsymbol{\alpha}_1=(1,2,3,4)$,$\boldsymbol{\alpha}_2=(2,3,4,5)$,$\boldsymbol{\alpha}_3=(3,4,5,6)$,$\boldsymbol{\alpha}_4=(4,5,6,7)$

试求其秩和一极大线性无关组。

四、解方程(每题 10 分,共 20 分)

1. 已知 $\begin{bmatrix} 0 & 1 & 0 \\ 1 & 0 & 0 \\ 0 & 0 & 1 \end{bmatrix} X \begin{bmatrix} 1 & 0 & 0 \\ 0 & 0 & 1 \\ 0 & 1 & 0 \end{bmatrix} = \begin{bmatrix} 1 & -4 & 3 \\ 2 & 0 & -1 \\ 1 & -2 & 0 \end{bmatrix}$

试求矩阵 X。

2. 求方程组

$$\begin{cases} 2x_1+7x_2+3x_3+x_4=6 \\ 3x_1+5x_2+2x_3+2x_4=4 \\ 9x_1+4x_2+x_3+7x_4=2 \end{cases}$$

的通解。

五、讨论题(16 分)

已知方程组

$$\begin{cases} x_1+x_2+2x_3+3x_4=1 \\ x_1+3x_2+6x_3+x_4=3 \\ 3x_1-x_2-ax_3+15x_4=3 \\ x_1-5x_2-10x_3+12x_4=b \end{cases}$$

问 a、b 为何值时,方程组①有唯一解②无解③有无穷多组解,并求其通解。

六、证明题(10 分)

设有向量组 $\boldsymbol{\alpha}_1,\boldsymbol{\alpha}_2,\boldsymbol{\alpha}_3$ 线性无关

试证:$\boldsymbol{\beta}_1=\boldsymbol{\alpha}_1+\boldsymbol{\alpha}_2$,$\boldsymbol{\beta}_2=\boldsymbol{\alpha}_2+\boldsymbol{\alpha}_3$,$\boldsymbol{\beta}_3=\boldsymbol{\alpha}_1+\boldsymbol{\alpha}_3$ 也线性无关。

综合试试题(一)参考答案

一、1. 相等;2. -64;3. 线性相关;4. 无穷多解,无解。

二、1. (C);2. (C);3. (B);4. (C)。

三、1. $(a_2a_3-b_2b_3)(a_1a_4-b_1b_4)$

2. $A^{-1}=\begin{bmatrix} -2 & 1 & 0 \\ -\frac{13}{2} & 3 & -\frac{1}{2} \\ -16 & 7 & -1 \end{bmatrix}$

3. $r(A)=2$,$\boldsymbol{\alpha}_1$、$\boldsymbol{\alpha}_2$ 为一极大线性无关组。

四、1. $X=\begin{bmatrix} 2 & -1 & 0 \\ 1 & 3 & -4 \\ 1 & 0 & -2 \end{bmatrix}$

2. $\xi=\begin{bmatrix} -\frac{2}{11} \\ \frac{10}{11} \\ 0 \\ 0 \end{bmatrix}+C_1\begin{bmatrix} \frac{1}{11} \\ -\frac{5}{11} \\ 1 \\ 0 \end{bmatrix}+C_2\begin{bmatrix} -\frac{9}{11} \\ \frac{1}{11} \\ 0 \\ 1 \end{bmatrix}$

其中 C_1,C_2 为任意常数。

五、①$a\neq 2$ 时,方程组有唯一解 ②$b\neq 1$ 时,无解 ③$a=2,b=1$ 时有无穷多解,通解为 $\xi=\begin{bmatrix} -8 \\ 3 \\ 0 \\ 2 \end{bmatrix}+C\begin{bmatrix} 0 \\ -2 \\ 1 \\ 0 \end{bmatrix}$,其中 C 为任意常数。

六、略

综合测试题(二)

一、填空题(每题 3 分,共 12 分)

1. 向量 β 可由向量组 $\alpha_1,\alpha_2,\cdots,\alpha_r$ 线性表示,则表示法唯一的充要条件是________。

2. 设 n 元线性方程组 $AX=B$ 有解,则当 $r(A)$________n 时,$AX=B$ 有无穷多组解。

3. 已知 n 阶方阵 A 的特征值为 $\lambda_1,\lambda_2,\cdots,\lambda_n$ 都不为零,则 A^{-1} 的特征值为________。

4. 当 $k=$________时,向量 $\begin{bmatrix}1\\-2\\1\\k\end{bmatrix}$ 与向量 $\begin{vmatrix}2\\1\\0\\3\end{vmatrix}$ 的内积为 2。

二、选择题(每题 3 分,共 12 分)

1. 已知 $|A|=\begin{vmatrix}-1&0&x&1\\1&1&-1&-1\\1&-1&1&-1\\1&-1&-1&1\end{vmatrix}$,则 $|A|$ 中 x 的一次项的系数是(　　)。

(A)1;　　(B)-1;　　(C)2^2;　　(D)-2^2

2. 设矩阵 A 的秩为 r,则有(　　)。

(A)A 中有 r 阶子式不为 0;

(B)A 中任何 $r+1$ 阶子式为 0;

(C)A 中不为 0 的子式的阶数小于等于 r;

(D)A 中不为 0 的子式的最高阶数等于 r。

3. 设 $f(x)=x^2-2x$,方阵 A 的特征值为 $1,0,-1$,则 $f(A)-E$ 的特征值为(　　)。

(A)$-2,-1,2$;　　(B)$-2,-1,-2$;

(C)$2,1,-2$;　　(D)$2,0,-2$。

4. 二次型 $f(x_1,x_2)=x_1^2+6x_1x_2+3x_2^2$ 的矩阵表示为(　　)。

(A)$[x_1,x_2]\begin{bmatrix}1&2\\4&3\end{bmatrix}\begin{bmatrix}x_1\\x_2\end{bmatrix}$;

(B)$[x_1,x_2]\begin{bmatrix}1 & 3\\3 & 3\end{bmatrix}\begin{bmatrix}x_1\\x_2\end{bmatrix}$;

(C)$[x_1,x_2]\begin{bmatrix}1 & -1\\-5 & 3\end{bmatrix}\begin{bmatrix}x_1\\x_2\end{bmatrix}$;

(D)$[x_1,x_2]\begin{bmatrix}1 & -1\\7 & 3\end{bmatrix}\begin{bmatrix}x_1\\x_2\end{bmatrix}$

三、计算题(每题 10 分,共 30 分)

1. 已知矩阵 $A=\begin{bmatrix}5 & 2 & 0 & 0\\2 & 1 & 0 & 0\\0 & 0 & 1 & -2\\0 & 0 & 1 & 1\end{bmatrix}$,求 A^{-1}。

2. 设 $\boldsymbol{\alpha}_1=(2,3,5)$,$\boldsymbol{\alpha}_2=(3,7,8)$,$\boldsymbol{\alpha}_3=(1,-6,1)$,求 λ 使 $\boldsymbol{\beta}=(7,-2,\lambda)$ 可由 $\boldsymbol{\alpha}_1,\boldsymbol{\alpha}_2,\boldsymbol{\alpha}_3$ 线性表示。

3. 求矩阵 $A=\begin{bmatrix}a & 0 & 0\\0 & a & 0\\0 & 0 & a\end{bmatrix}$ 的特征值与特征向量。

四、解答题(每题 10 分,共 20 分)

1. 求齐次线性方程组

$$\begin{cases}x_1-x_2+x_3-x_4=0\\x_1-x_2-x_3+x_4=0\\x_1-x_2-2x_3+2x_4=0\end{cases}$$

的基础解系及通解。

2. 用配方法把二次型 $f(x,y)=x^2-4xy+y^2$ 化为标准型,并求变换矩阵 C。

五、综合题(每题 10 分,共 20 分)

1. 已知矩阵

$$A=\begin{bmatrix}1 & 0 & 0\\0 & 0 & 1\\0 & 1 & x\end{bmatrix},B=\begin{bmatrix}1 & 0 & 0\\0 & y & 0\\0 & 0 & -1\end{bmatrix}\text{相似,}$$

求:x 与 y。

2. 判断下面向量组是否相关?若相关,求一组相关系数,并求一极大线性无关组。其中

$\boldsymbol{\alpha}_1=(1,-1,2,4)$,$\boldsymbol{\alpha}_2=(0,3,1,2)$,$\boldsymbol{\alpha}_3=(3,0,7,14)$,

$\boldsymbol{\alpha}_4=(1,-1,2,0)$,$\boldsymbol{\alpha}_5=(2,1,5,6)$。

六、证明题(6 分)

设 $\boldsymbol{\alpha}_1,\boldsymbol{\alpha}_2,\cdots,\boldsymbol{\alpha}_s$ 线性无关,而 $\boldsymbol{\beta},\boldsymbol{\alpha}_1,\boldsymbol{\alpha}_2,\cdots,\boldsymbol{\alpha}_s$ 线性相关。

求证:$\boldsymbol{\beta}$ 可由向量组 $\boldsymbol{\alpha}_1,\boldsymbol{\alpha}_2,\cdots,\boldsymbol{\alpha}_s$ 线性表示,且表示式是唯一的。

综合测试题(二)参考答案

一、1. $\boldsymbol{\alpha}_1,\boldsymbol{\alpha}_2,\cdots,\boldsymbol{\alpha}_r$ 线性无关;2. $r(A)<n$;3. $\frac{1}{\lambda_1},\frac{1}{\lambda_2},\cdots,\frac{1}{\lambda_n}$;4. $k=\frac{2}{3}$。

二、1. (D);2. (D);3. (A);4. (B)。

三、1. $A^{-1}=\begin{bmatrix}1&-2&0&0\\-2&5&0&0\\0&0&\frac{1}{3}&\frac{2}{3}\\0&0&-\frac{1}{3}&\frac{1}{3}\end{bmatrix}$。

2. 设有数 $\lambda_1,\lambda_2,\lambda_3$ 使得

$$\lambda_1\boldsymbol{\alpha}_1+\lambda_2\boldsymbol{\alpha}_2+\lambda_3\boldsymbol{\alpha}_3=\boldsymbol{\beta}$$

即

$$\begin{cases}2\lambda_1+3\lambda_2+\lambda_3=7\\3\lambda_1+7\lambda_2-6\lambda_3=-2\\5\lambda_1+8\lambda_2+\lambda_3=\lambda\end{cases}$$

于是

$$B=\begin{bmatrix}2&3&1&7\\3&7&-6&-2\\5&8&1&\lambda\end{bmatrix}\longrightarrow\begin{bmatrix}2&3&1&7\\0&1&-3&-5\\0&0&0&\lambda-15\end{bmatrix}$$

故当 $\lambda=15$ 时,$\boldsymbol{\beta}$ 可由 $\boldsymbol{\alpha}_1,\boldsymbol{\alpha}_2,\boldsymbol{\alpha}_3$ 线性表示。

3. 由 $|\lambda E-A|=\begin{vmatrix}\lambda-a&0&0\\0&\lambda-a&0\\0&0&\lambda-a\end{vmatrix}=0$

得 A 的特征值为 $\lambda_1=\lambda_2=\lambda_3=a$。

将 $\lambda_1=\lambda_2=\lambda_3=a$,代入方程 $(\lambda E-A)X=O$,得特征向量为

$$\xi=\begin{bmatrix}1\\0\\0\end{bmatrix},\xi_2=\begin{bmatrix}0\\1\\0\end{bmatrix},\xi_3=\begin{bmatrix}0\\0\\1\end{bmatrix}。$$

四、1. 对系数矩阵施以初等行变换

$$A=\begin{bmatrix}1&-1&1&-1\\1&-1&-1&1\\1&-1&-2&2\end{bmatrix}\longrightarrow\begin{bmatrix}1&-1&1&-1\\0&0&-2&2\\0&0&-3&3\end{bmatrix}$$

$$\longrightarrow\begin{bmatrix}1&-1&1&-1\\0&0&1&-1\\0&0&0&0\end{bmatrix}\longrightarrow\begin{bmatrix}1&-1&0&0\\0&0&1&-1\\0&0&0&0\end{bmatrix}$$

于是得同解方程组为

$$\begin{cases}x_1-x_2=0\\x_3-x_4=0\end{cases}$$

选 x_2,x_4 为自由未知量,得基础解系为

$$\xi_1=\begin{bmatrix}1\\1\\0\\0\end{bmatrix},\xi_2=\begin{bmatrix}0\\0\\1\\1\end{bmatrix}$$

通解为 $C_1\xi_1+C_2\xi_2$(C_1,C_2 为常数)

2. $f(x,y)=(x-2y)^2-3y^2$

令

$$\begin{cases}\xi=x-2y\\\eta=y\end{cases}$$

解得

$$\begin{bmatrix}x\\y\end{bmatrix}=\begin{bmatrix}1&2\\0&1\end{bmatrix}\begin{bmatrix}\xi\\\eta\end{bmatrix}$$

所以

$$C=\begin{bmatrix}1&2\\0&1\end{bmatrix}$$

变换

$$\begin{bmatrix}x\\y\end{bmatrix}=C\begin{bmatrix}\xi\\\eta\end{bmatrix}$$

使得

$$f(x,y)=\xi^2-3\eta^2$$

五、1. 因 A 与 B 相似,所以特征值相同,故 A 的特征值也为 $1,y,-1$,又

$$|\lambda E-A|=\begin{bmatrix}\lambda-1&0&0\\0&\lambda&-1\\0&-1&\lambda-x\end{bmatrix}=(\lambda-1)^2(\lambda^2-\lambda x-1)$$

因 $\lambda=-1$ 为特征值,故 $(-1)^2-(-1)x-1=0$,即 $x=0$;所以 $|\lambda E-A|=(\lambda-1)^2(\lambda+1)=0$,即 A 的特征值为 1,1,-1,故 $y=1$。

2. 相关;相关系数为 4,2,-1,1,-1;$\alpha_1,\alpha_2,\alpha_4$ 为一极大线性无关组。

六、证略。

主要参考文献

1. 彭玉芳等．线性代数．北京:高等教育出版社,2000
2. 赵军．经济数学(线性代数)．北京:中国财政经济出版社,1999
3. 谢兴武等．线性代数与概率论习题课教程,北京:国防工业出版社,2000
4. 周誓达．线性代数与线性规划．北京:中国人民大学出版社,1997
5. 李永乐．线性代数．北京:清华大学出版社,2002
6. 杨振兴．线性代数．山东:石油大学出版社,2003